Harald zur Hausen · *Genom und Glaube*

Springer

Berlin
Heidelberg
New York
Barcelona
Hongkong
London
Mailand
Paris
Tokio

Harald zur Hausen

Genom und Glaube

Der unsichtbare Käfig

 Springer

Professor Dr. med.
Dr. h.c. mult. HARALD ZUR HAUSEN
Deutsches Krebsforschungszentrum
Im Neuenheimer Feld 280
69120 Heidelberg

ISBN 3-540-42850-X Springer-Verlag Berlin Heidelberg New York

Die Deutsche Bibliothek - CIP-Einheitsaufnahme

zurHausen, Harald:
Genom und Glaube : der unsichtbare Käfig / Harald zur Hausen. - Berlin ;
Heidelberg ; New York ; Barcelona ; Hongkong; London ; Mailand ; Paris ;
Singapur ; Tokio : Springer, 2001

Springer-Verlag Berlin Heidelberg New York
a member of BertelsmannSpringer Science+Business Media GmbH
http//www.springer.de

Satz: Datenübernahme Springer-Verlag, Heidelberg
Einbandgestaltung: D & P, Heidelberg
SPIN 10856673   31/3130 - 5 4 3 2 1 0 - Gedruckt auf säurefreiem Papier

Vorwort

Die Grundgedanken zu dem vorliegenden Buch habe ich eine Reihe von Jahren mit mir getragen, bevor ich vor etwa fünf Jahren damit begann, sie niederzuschreiben. Ein erster Rohentwurf blieb dann über drei Jahre unbearbeitet liegen, bevor ich mich erneut an die Überarbeitung machte und schließlich auch zu einem gewissen Abschluss kam.

Sicherlich ändert sich derzeit sehr viel insbesondere auf dem Gebiet der Genomforschung und vermutlich steht uns noch eine Reihe von Überraschungen bevor. Zur Zeit der Abfassung des ersten Entwurfs gab es heftige Diskussionen über die Konsequenzen der Kenntnis der Bausteinfolge des menschlichen Erbguts. Sie sind inzwischen zwar nicht völlig, aber doch in einem deutlichen Umfang abgeklungen, wir haben uns fast schon daran gewöhnt, dass das menschliche Genom (trotz einer Reihe von vorliegenden Sequenzierungsfehlern) weitgehend entschlüsselt ist und dass wir fast wöchentlich neue Nachrichten über gelungene Gesamtsequenzierungen tierischer Genome empfangen. Heute spielt die Debatte über embryonale Stammzellen und über das Klonen eine ungleich größere Rolle. Wer weiß, wie lange noch?

Was uns fehlt sind Versuche, ein eher integrierendes Weltbild zu konstruieren, das in breiterem Umfang

naturwissenschaftliche Erkenntnisse mit den Eigentümlich-
keiten des „Menschseins" verbindet. Dabei sollte es durchaus
bedeutsam sein, diese Erkenntnisse immer wieder auf der
Basis neuer Einsichten auf den Prüfstand zu stellen. Der vorliegende Band erhebt nicht den Anspruch, diesem Ziel zu
entsprechen. Er möchte zum Nachdenken anregen und
gleichzeitig zu einer Versachlichung der gegenwärtig vielfach
emotional geführten zuvor genannten Diskussionen.

    Mein herzlicher Dank gilt Freunden, Mitarbei-
tern und Kollegen, die mir über eine Reihe von Ungereimthei-
ten meines Textes hinweghalfen und die mit ihren Ratschlägen und Diskussionen eine schärfere Profilierung der angesprochenen Themen förderten. In alphabetischer Reihenfolge
waren dies Antje und Professor Volker Diehl, Köln, Katrin
Gawlas, Professor Dietrich Götze, Dr. Josef Puchta, Priv. Doz.
Dr. Frank Rösl, Ursula Schöttler, alle aus Heidelberg, Professor
Heinrich Schulte-Holthausen, Essen, Hilke Stamatiadis-Smidt,
Heidelberg, und Dr. Rolf Zettl, Berlin. Besonderen Dank
schulde ich den Herren Professor Jürgen Mittelstrass,
Konstanz, der mit vielen wertvollen Ratschlägen dem Nicht-
Philosophen ein wenig auf die Sprünge half, und Professor
Werner Franke, der mit Literaturhilfen und sorgfältiger Text-
durchsicht einen wichtigen Beitrag leistete. Naturgemäß
haben nicht alle, die mir hilfreich waren, meine Auffassungen
geteilt. Für den Inhalt bin ich daher allein verantwortlich.
Ganz besonders bedanke ich mich bei meiner Frau, Professor
Ethel-Michele de Villiers, die mich ständig ermutigte, den
Band zu beenden und mit viel Geduld und Verständnis die
dafür aufgewandte Zeit der gemeinsamen Freizeit opferte.

Heidelberg, November 2001   HARALD ZUR HAUSEN

Inhaltsverzeichnis

Einführung

Religion und Naturwissenschaften bewegen sich in einem Spannungsfeld. Aus dem Blickwinkel der verschiedenen Glaubensgemeinschaften betrachten sich die Menschen seit Jahrtausenden als eine Besonderheit der Schöpfung. Sie sehen sich in ihren Eigenschaften, ihrem Intellekt, ihren kulturellen Errungenschaften, ihren technischen Leistungen, ihrer besonderen Anpassungsfähigkeit an neue Umweltbedingungen als eine Vollendung der Schöpfung. Damit halten sie sich für qualitativ *„besser"*, auch grundsätzlich für *„anders"* als alle anderen Lebewesen. Sie haben für sich den eigenen Begriff der *Menschenwürde* geschaffen und zwar unterschiedliche, aber dennoch in vielen Glaubensgemeinschaften in gewisser Hinsicht ähnliche, zielgerichtete Glaubensgebäude errichtet, die nach der unvermeidlichen Endlichkeit des irdischen Daseins ein *Jenseits* versprechen, das aufgrund vorausgegangener Lebensführung entweder belohnt oder bestraft.

Religionen und Glaubensgrundsätze haben in erheblichem Umfang den Ablauf unserer Geschichte bestimmt. Glaubenskriege haben bis in unsere Tage hinein – meist vermischt mit machtpolitischen Zielen – zu blutigen Auseinandersetzungen geführt. Dabei lehrt die Geschichte, dass auf Phasen besonderer religiöser Rigidität Abschnitte gewisser Liberalisierung folgten. Sicherlich darf als Periode eines besonderen Aufbruchs in Europa die Aufklärung im Gefolge der tiefen Religiosität des Mittelalters gelten. Die sich anschließende Entwicklung der Naturwissenschaften in Europa hat hier schon frühzeitig zu Konflikten mit christlichen Glaubensgrundsätzen geführt. Vor allem waren es zunächst die Erkenntnisse der Astronomie, die der Erde und unserem Sonnensystem einen anderen Platz zuwiesen, als er den bis dahin vorherrschenden Vorstellungen entsprach. Fast behutsam kamen dann Ergebnisse der vergleichenden Anatomie hinzu, die aufzeigten, dass der Mensch in seiner Körperstruktur, seinem Skelett, seiner Muskulatur und seinen inneren Organen, vor allem aber auch in seiner Embryonalentwicklung den Prinzipien anderer Wirbeltiere entsprach.

Größere Konflikte entstanden dann im neunzehnten Jahrhundert, als erste paläontologische Befunde die Existenz von ausgestorbenen Tieren (Sauriern) nachwiesen, die vor mehr als 60 Millionen Jahren die Erde bevölkerten. Dies schien der buchstabengetreuen Interpretation der biblischen Schöpfungsgeschichte zu widersprechen. Unvergleichlich schärfer traten solche Differenzen aber nach Veröffentlichung der Darwinschen Evolutionstheorie hervor. Die Entwicklung auch des Menschen aus primitiven Ausgangsformen war über viele Jahrzehnte für die Mehrzahl der Theologen und für eine große Zahl ihrer Zeitgenossen nicht mit dem Wahrheitsanspruch der Bibel vereinbar.

Auch wenn die Anfänge der Genetik, der Abstammungslehre, hiervon relativ wenig berührt wurden, war es im vergangenen Jahrhundert gerade dieser Bereich, der die bestehenden Konflikte noch potenzierte. Mit der Identifizierung der Desoxyribonukleinsäure (DNS) als Trägerin der Vererbung, der Aufklärung ihrer Struktur, der Charakterisierung ihres Kodierungsmechanismus und der nunmehr möglichen Entschlüsselung ihrer Art-spezifischen Bausteinfolge, aber auch ihrer experimentellen Veränderbarkeit setzte ein Wissenschaftsbereich, die molekulare Biologie, einen unerhörten Siegeszug an. Die Konsequenzen ragen heute in vielen Beispielen in unser tägliches Leben hinein und tragen zu einem völlig neuen Verständnis der Lebensvorgänge bei. Die experimentelle Synthese von lebensähnlichen Strukturen, etwa von Viren, die exakt ihren natürlichen Vorbildern entsprechen, lässt heute die Vermutung aufkeimen, dass künftig auch komplexere Strukturen, zum Beispiel Zellen, auf experimentellem Wege hergestellt werden könnten. Die sich entwickelnden Möglichkeiten des Klonierens von Lebewesen, denkbar sogar für Menschen, aus Körperzellen hat tiefe Verunsicherung und Beunruhigung weiter Bevölkerungsschichten hervorgerufen; vielfach wird bereits ein Einhalten vor mehr Erkenntnis und Experimentation gefordert. Signalisiert das unsere Angst, ein deutlich von religiösen Überlieferungen geprägtes Menschenbild ändern zu müssen? Die häufig gestellte Frage *„Darf ein Wissenschaftler, was er kann?"* ist eher seltsam, verliert sie doch aus dem Auge, dass niemand von uns all das darf, was er könnte. Haben häufig zitierte Horrorvisionen gentechnischer Manipulation wirklich eine Chance, Realität zu werden? Sollten wir in der Biologie nicht in der Lage sein, durch geeignete Gesetze Missbrauch zu verhüten, wie uns das zumindest weitgehend auf vielen anderen Sektoren unseres Lebens gelungen ist und gelingt? Sollen wir deshalb von zunehmender Erkenntnis der Lebensvorgänge und ihrer Evolution Abstand nehmen? Kann es so etwas wie ein Erkenntnisverbot geben, wenn uns das daraus resultierende Wissen nicht in unsere Weltanschauung passt?

Dies vor allem sind die Fragen, die zur Abfassung dieses Buches führten, das sich in erster Linie an den interessierten Laien richtet. Unvermeidbar erschien mir in den ersten Kapiteln, den Betrachtungen zur Entwicklung des Lebens eine kurze Betrachtung der Entwicklung unseres Weltalls vom Urknall bis zur Entstehung unseres Sonnensystems voran zu stellen. Es soll verdeutlichen, vor welch monumentalem Hintergrund und in welch minimalem Zeitablauf sich unsere Evolution vollzog. Insbesondere aber müsste unser selektiver Entwicklungsgang auf einem so labilen Planeten wie der Erde in Bezug zu einem gewaltigen All zu persönlicher Bescheidenheit mahnen und zur Skepsis gegenüber alles erklärenden *transzendenten Heilsvorstellungen.*

Die Genomforschung ist in ganz besonderer Weise von den Erwartungen ihrer segensreichen Auswirkungen für die Medizin, für den Menschen und sein Wohlergehen, angestoßen und beflügelt worden. In der Tat waren dies die Hauptmotive für frühe Initiativen zur Analyse der Bausteinfolge des Humangenoms. In den folgenden Kapiteln wird deshalb ausführlicher auf frühere und gegenwärtige Hoffnungen auf diesem Gebiet eingegangen werden. Sozusagen als stilles Begleitergebnis trat aber die Bedeutung für das Verständnis evolutionärer Vorgänge zunehmend in das Blickfeld. Gleichzeitig begründete die Genomforschung das mechanistische Verständnis von Lebensvorgängen und entrückte diese erkennbar allen transzendenten Erklärungsversuchen. Das hat zwangsläufig ein neues menschliches Eigenverständnis und im besten Sinne des Wortes ein neues Weltbild zu Folge. Das Bewusstsein, dass der Mensch sich auch heute noch in einem Evolutionsprozess befindet, eine ähnliche Veränderbarkeit des Erbguts aufweist wie andere tierische und pflanzliche Arten und späteren Anpassungszwängen an Veränderungen unserer Umwelt unterliegt oder aber als Spezies ausstirbt, ist heute wenig ausgeprägt. Es ist eines der Anliegen dieses Buches, gerade hierüber zum Nachdenken anzuregen.

In den späteren Kapiteln dieses Buches wird versucht, einige der bereits heute erkennbaren Konsequenzen aus den angesprochenen wissenschaftlichen Entwicklungen darzulegen und zu diskutieren. Diese Diskussion wurde dabei bewusst nicht ausschließlich auf die eigentliche Genomforschung beschränkt; es wurden auch heute so vielfältig diskutierte Fragen des therapeutischen Einsatzes embryonaler Stammzellen und der Gewinnung somatischer Klone eingeschlossen. Die gegenwärtige öffentliche Diskussion ist in ihren Grundzügen von Glaubensfragen beeinflusst und hat einen unverkennbar religiösen Kern. Stammzellforschung und Klonierung haben zwar im strikten Sinne keinen unmittelbaren Bezug zur Genomforschung, werden aber durch die Ergebnisse der letzteren deutlich beeinflusst.

Eine Betrachtung über das Genom und die sich davon ableitende mechanistische Lebenssicht führt unvermeidlich zu einem Konflikt mit Religion und Glauben. Es ist die Absicht dieses Buches, jenen *„unsichtbaren Käfig"* zumindest anzudeuten, der uns wegen unserer Erbanlagen, unserer Erziehung und unseres kulturellen Hintergrundes umgibt, der sich vielfach auch aufgrund unserer meist frühen Prägung in Glaubensfragen kaum überwinden lässt und der einem rationalen Handeln nur begrenzten Spielraum ermöglicht. Der Spruch des Orakels zu Delphi *„Erkenne Dich selbst"* wird gerade für die Zukunft an Bedeutung gewinnen und vermutlich ein wesentlicher Teil unserer Lebensaufgabe.

In Zeit und Raum gibt es ein Ich
Bewusst im All - doch bleibt wohl nichts;
Denn ewig ändert es sich blind
Als Sternenstaub im Sternenwind.

A You - an I - eternity,
Where are we and where shall we be?
A Universe of stars and dust,
A glimpse and glow of life and lust.

1 Ein „Transall"?

Der Entstehung des Weltalls ging als weitgehend akzeptierte Theorie ein „Urknall" voraus, eine Explosion von unvorstellbarem Ausmaß, die offensichtlich eine Bündelung von Masse und Energie in Plasma verwandelte, das in vehementer Geschwindigkeit vom Explosionsort geschleudert wurde. Die sich anschließende Abkühlung führte dann zur Bildung von Atomen und Molekülen, deren Aggregation später zur Materie. Die Nebelwolken dieser Urmaterie waren und sind immer noch die Geburtsstätten der Sterne, deren zunehmende Größe und Schwerkraft zu neuen physikalisch-chemischen Reaktionsabläufen führten und führen.

Seit der Zeit des Urknalls vor etwa 15 bis 20 Milliarden Jahren dehnt sich das Weltall weiter aus, wie es die sogenannte Rot-Verschiebung des Lichtes mit zunehmender Entfernung von Sternen und Galaxien aufzeigen lässt. Die Geschwindigkeit dieser Ausdehnung nimmt offensichtlich beständig zu und ist in der „Peripherie" des Weltalls am höchsten.

Die Kondensation der Materie und die zunehmende Schwerkraft größerer Gebilde waren letztlich der Keim für die Bildung der Himmelskörper, in denen sich aufgrund der Größe, der Entstehung radioaktiver Elemente und deren Zerfall und von Kernfusionen eine Fülle gigantischer

Prozesse abspielen, die uns zum Beispiel das Sonnenlicht bescheren, eine der fundamentalen Grundlagen unserer Existenz.

Was hier in laienhaften Worten wiedergegeben ist, sollte für jeden denkenden Menschen eine Fülle von Fragen aufwerfen. Offensichtlich ist die Erde als Teil des Planetensystems der Sonne, in einem System unendlich vieler Sonnen und Spiralnebeln, nur ein winziger Punkt im gesamten Weltall. Durch die Verbesserung von Teleskopen wurden allein in den vergangenen drei Jahren etwa 30 Planeten außerhalb unseres Sonnensystems entdeckt, die andere, uns vergleichsweise nahe, Sternensysteme umkreisen. Mit weiterer Optimierung astronomischer Untersuchungsverfahren steigt die Zahl neu entdeckter Planeten jetzt fast monatlich. Dies legt nicht nur den Schluß nahe, dass offenkundig eine Vielzahl von Planetensystemen im Weltall vorliegt, ja es macht es sogar sehr wahrscheinlich, dass deren Zahl so groß oder deutlich größer ist als die für uns unendlich erscheinende Sternenzahl am Firmament. Gibt es auf einzelnen von ihnen ähnliche Bedingungen wie auf der Erde, welche die Entwicklung von Leben oder von lebensähnlichen Vorgängen möglich machten oder machen? Existieren vielleicht sogar solche Planeten in millionenfacher Vielzahl? Die Wahrscheinlichkeit einer positiven Antwort mag hoch sein, dennoch ist zur Zeit diese Frage für uns unlösbar.

Wenn das Weltall sich beständig weiter ausdehnt, muß nach unserer Logik „Raum" außerhalb des Weltalls existieren, der diese Ausdehnung möglich macht. Unser Weltall ist also letztlich „endlich", auch wenn es sich beständig vergrößert. Was liegt dann außerhalb des Weltalls? Ist dort ein unendlich weiter Raum vorhanden, ein „Transall", das natürlich unsere Vorstellungskraft weit übersteigt, oder gibt es dort vielleicht – möglicherweise so zahlreich wie die Sterne an unserem Himmel – sich ähnlich expandierende Strukturen, die jede für sich ein eigenes Weltall formen? Oder sind vielleicht dort in einer für uns ebenfalls fast unvorstellbaren Ausdünnung energiegeladene Strukturen vorhanden, die am ehesten „*schwarzen Löchern*" gleichen, jenen mysteriösen Himmelskörpern, deren Schwerkraft selbst Lichtstrahlen kein Entkommen ermöglicht, deren Atome sich in einem absoluten Ruhezustand befinden, in denen somit auch keine Zeitabläufe stattfinden? Ein für uns unvorstellbares zeitloses *Transall* in einem weitgehend unendlichen Ruhezustand, das als extreme Ausnahme nur durch Gravitationskräfte vorübergehend in *Abläufe* und damit in *Zeit* gebracht werden kann. Ist vielleicht sogar die beschleunigte Ausdehnung unseres Weltalls an seiner „Peripherie" die Folge des Einwirkens der Schwerkraft solcher Strukturen außerhalb der uns zugänglichen Welt? Die kürzlich von *Adam Riess* und Mitarbeitern in Baltimore postulierte „Anti-Schwerkraft" würde gut in diese Vorstellungen passen. Eine Voraussage des hier vorgetragenen Modells wäre, dass die Beschleunigung inhomogen erfolgt, dass die postulierte Anti-Schwerkraft in der Realität eine echte Schwerkraft wäre, die – je näher Bereiche unserer Gestirne diesen mysteriösen „Gebilden" kämen – sich aufgrund ihrer Schwerkraft mit zunehmender Beschleunigung auf diese zu bewegten. In der Tat laufen Vorstellungen der Astronomen heute darauf hinaus, dass unser Universum aus unseren Dimensionen betrachtet flach ist (*Seife*, 2001). Schon aus dieser Struktur scheint sich zu ergeben, dass die Ausdehnung an den Polen eines solchen Elipsen-ähnlichen Gebildes rascher verläuft als in der Dimension „oben" und „unten".

Da die Beweisführung für die beschleunigte Ausdehnung des Weltalls heute auch durch die Beobachtung eines explodierenden Sterns, einer *Supernova*, zustande kommt, der 11 Milliarden Lichtjahre von uns entfernt ist, wissen wir natürlich nicht, ob *heute* bereits einige der distalen Strukturen unseres Alls von schwarzen Löchern eines solchen Transalls absorbiert wurden. Wir sind offensichtlich nicht nur auf unserer Erde, sondern letztlich auch in unserem Weltall gefangen und auf Spekulationen angewiesen, wenn wir uns gedanklich darüber hinaus bewegen wollen.

Wie konnte es überhaupt zum Urknall kommen, was war die eigentliche Ursache? War dies ein gewaltiger Schöpfungsakt, der zunächst Bedingungen schuf, die in ihrer elementaren Gewalt selbst die frühchristlichen Vorstellungen von der Hölle weit übersteigen? Oder war es die zwangsläufige Konsequenz bestimmter physikalischer Ereignisse, die mit extrem geringer Wahrscheinlichkeit vielleicht einmal alle 50 oder 100 Milliarden Jahre oder noch seltener in einem Universum stattfinden, das unser Weltall nur als eine von vielen Strukturen einschließt?

Persönlich neige ich zur zweiten Annahme, der ich gern eine eigene Spekulation zugrunde lege: hiernach gibt es in der Tat im Universum (außerhalb unseres Weltalls) – im *Transall* – gigantische „*schwarze Löcher*", die in einem für uns unvorstellbar langen Zeitrahmen entstanden. In ihnen selbst gibt es keine Zeitabläufe, da Zeit sich aus Reaktionsabläufen – auch im molekularen Bereich – definiert. Dort, wo es diese nicht gibt, kann es keinen Zerfall und damit auch keine Zeit geben. Dies ist für uns schwer nachvollziehbar, da wir in ‚zeitlichen Strukturen' leben. Dann aber wird auch die für uns naheliegende Frage nach dem Anfang und dem Ende sinnlos.

Wo keine Zeitabläufe vorliegen, sollte es auch keinen Anfang
und kein Ende geben. Wohl aber sollte es im Transall lokal
ungeheure Schwerkräfte geben, die letztlich für den *zeitlo-
sen*" Zustand dieser Strukturen verantwortlich sind. Diese
Schwerkraft könnte über extrem weite Entfernungen von einer auf eine zweite Struktur von ähnlichem Ausmaß und
Energiegehalt wechselseitig Einfluß nehmen und bewirken,
daß sich beide mit ständig zunehmender Geschwindigkeit
aufeinander zu bewegen. Dies könnte letztlich mit angenä-
herter Lichtgeschwindigkeit geschehen. Ihr Zusammenprall
dürfte die schier unvorstellbare Energiefreisetzung erklären,
die durch den Urknall bewirkt wurde, und der wir die Entstehung unseres Weltalls und unsere „Zeit" verdanken. Ein solcher Vorgang sollte eigentlich zunehmend berechenbar werden – er würde unseren Standort auf der Erde, so minimal er
in Bezug zum Weltall bereits ist, weiterhin um unzählbare
Dimensionen verkleinern.

Wo immer im Transall „schwarze Löcher" beginnen, sich aufeinander zuzubewegen, entstehen spontan
neue Zeitzonen, die sich dann nicht aus Molekülbewegung,
wohl aber aus der auf sie einwirkenden Schwerkraft definieren.

Die Entstehung unseres Weltalls durch den Urknall ist inzwischen eine wohlbegründete Theorie, die sich
aus einer Reihe von astronomischen Untersuchungen ableiten läßt. Die Ursache des Urknalls bleibt allerdings im Bereich der reinen Spekulation, wiewohl sich auch hierfür – wie
zuvor ausgeführt – eine Modellvorstellung entwickeln läßt.
Es ist aus der Sicht des Verfassers sinnvoll, diese Betrachtung
über die Entstehung des Weltalls den weiteren Überlegungen
voran zu stellen, um den zunächst kataklysmischen Werde-

gang des Alls und damit auch der Erde als Hintergrund für
die zeitlich begrenzte Phase der Lebensentwicklung auf diesem Planeten zu sehen. Nach Voraussage der Astronomen
wird auch die Erde in einem Kataklysmus enden, dann nämlich, wenn die Sonne ihre Wasserstoffvorräte aufgebraucht hat
und als Nova in einem gewaltigen Feuerball die Erde und
weitere Planeten buchstäblich verglühen läßt. Wenn hier die
physikalischen Berechnungen stimmen, sollte uns das heute
noch nicht mit allzu vielen Sorgen belasten, da hierüber noch
einige Milliarden Jahre vergehen würden.

1.1 Das Schicksal unseres Weltalls

Auch wenn uns unter dieser Perspektive das langfristige
Schicksal unseres Weltalls wenig belasten kann, ist es doch
für das Verständnis des Lebens, unseres Weltbildes und unseres Eigenverständnisses in dieser Welt von erheblichem –
wenn auch „*nur*" philosophischem – Interesse, die Entwik-
klung des Alls zu verstehen und unseren Platz in dieser Entwicklung zu sehen. Sind wir die regionale Konsequenz eines
progressiven Fortschreitens molekularer Konstellationen zu-
fällig vorgegebener Umweltbedingungen, die ein relativ hohes
Maß von Konstanz über für unsere Vorstellungen lange Zeiträume aufweisen? Oder gibt es eine spezifische „*Bestimmung*" des Lebens oder gar des Menschen auf dem Univer-
sum-Staubkorn Erde? Ist es möglich, dass nach einer langen
Evolution wir, alles Leben und auch unsere anorganische Umwelt in den „*ewigen*" Ruhezustand eines schwarzen Lochs ein-
treten? Schon heute wird vorausgesagt, dass sich unsere
Milchstrassengalaxie auf Kollisionskurs mit dem Andromed-
anebel, einer anderen gewaltigen Galaxie befindet. Obwohl

bis zu diesem Ereignis noch Hunderte von Millionen Jahre vergehen dürften, könnte dies – ähnlich wie die Explosion der Sonne zur Nova – auch das Schicksal unseres Sonnensystems besiegeln.

Über das Schicksal des Weltalls gibt es unterschiedliche Spekulationen. Dies erlaubt schon vorweg die Aussage – wir kennen es nicht. Wenn wir der These der Existenz eines Transalls folgen, gibt es jedoch eine logische Folge von Ereignissen, die kurz skizziert werden sollen: In der Entwicklung unseres Weltalls war die Entstehung von Galaxien offensichtlich mit der Bildung von schwarzen Löchern verknüpft, deren Dichte und Schwerkraft selbst Lichtstrahlen einzufangen erlauben. In den Spiralnebeln der großen Sternenhaufen lässt sich demonstrieren, wie deren Zentren Gas und Materie „schlucken", mithin Masse und Energie der zentralen schwarzen Löcher zunehmen. Da wir davon ausgehen müssen, dass die Materie des Weltalls endlich ist, „verschwindet" kontinuierlich ein Teil davon in diesen schwarzen Löchern und erhöht damit wohl gleichzeitig deren Schwerkraft.

In letzter Konsequenz durchdacht bedeutet dies, dass über Jahrmilliarden die „freie" Materie im Weltall abnimmt, schwarze Löcher mit unterschiedlicher Schwerkraft entstehen, die vermutlich in zunehmendem Umfang auch miteinander verschmelzen. Über für uns unvorstellbar lange Zeiträume hinweg sollte dies bedeuten, dass ein gigantisches oder wenige gigantische schwarze Löcher entstehen, die zumindest das Potenzial haben, bei Kollisionskurs erneut einen „Weltentstehungsprozess" einzuleiten.

Unter dieser Vorstellung stehen wir in einem nach unseren Begriffen unendlich langen Wandlungsprozess, dessen jeweiliges Ende ein absoluter Ruhezustand der Materie ist, der nur durch fundamentale und im eigentlichen Sinne katastrophale Kollisionsereignisse unterbrochen wird, die vermutlich aus irdischer Sicht nur mit extremer Seltenheit auftreten, dann aber wiederum den Anfang der Neuentwicklung eines Weltalls darstellen sollten.

Gibt es in diesem gewaltigen Prozess – in einem extrem punktuellen Bereich wie der Erde – eine spezifische Bestimmung des Lebens, insbesondere des Menschen? Können wir für uns eine „Mission" ableiten, die wir aus naiver Intuition über Jahrzehntausende aus dem Ameisenblickwinkel der grauen Vorzeit entwickelt haben? Hat in diesem gigantischen Rahmen ein Schöpfer den Menschen nach seinem Ebenbild geschaffen? Nimmt er Einfluss auf unsere individuellen Geschicke?

2 Zur Entstehung des Lebens

Soweit wir es zurück verfolgen können, ist Leben (auf der Erde) vergleichsweise jung, wenn man es vor dem Hintergrund der Entstehung des Weltalls betrachtet. Es dürfte etwa ein Fünftel der Entwicklungsphase des Weltalls umspannen, also etwa drei bis vier Milliarden Jahre. Im Wesentlichen haben fünf Elemente zum Aufbau der lebenden Materie beigetragen: Wasserstoff, Kohlenstoff, Stickstoff, Phosphor und Sauerstoff. Deren Verfügbarkeit und Reaktivität miteinander und anderen Atomen und Molekülen sowie Umweltbedingungen, die für relativ enge Temperaturschwankungen und für die nötige Energiezufuhr sorgten, waren offensichtlich entscheidende Voraussetzungen für die Entwicklung früher Lebensformen.

Es gibt heute eine Fülle von Theorien und Spekulationen über die Entstehung sich selbst vermehrender Moleküle als Vorstufen des Lebens. Ob das Leben primär auf der Erde entstanden ist, oder etwa über Meteoriteneinschläge von anderen Planeten auf die Erde übertragen wurde, lässt sich mit Sicherheit kaum abklären. Es ist für unsere Betrachtung auch nicht sonderlich relevant. Sicherlich herrschten in der Frühphase der Erdatmosphäre Bedingungen, welche die Entstehung von komplexeren organischen Molekülen begünstigten. Auch können unter Laboratoriumsbedingungen einer angenommenen *„Uratmosphäre"* einfache Bausteine der lebenswichtigen Nukleinsäuren und Proteine entstehen. Gewiss ist, dass das Leben aus sehr einfachen „Frühformen" auf der Erde hervorging, die noch ein geringes Maß von Komplexität aufwiesen. Diese Frühformen bleiben zur Zeit noch im Dunkeln und bieten vielfältigen Raum für naturwissenschaftliche Untersuchungen - aber auch für kreationistische Spekulationen. Sie sollen an dieser Stelle nicht weiter diskutiert werden.

In einem Punkte liefert uns die Paläontologie ein eindeutiges Bild: heutige Lebensformen haben sich aus primitivsten Urformen über die Zeitspanne von etwa drei Milliarden Jahren entwickelt und diese Entwicklung war alles andere als etwa eine gradlinige Progredienz zum Menschen hin. Gewaltige Naturkatastrophen – vermutlich bedingt durch schwere Meteoriteneinschläge, zuletzt vor etwa 60 Millionen Jahren – brachten mehrfach in der Erdgeschichte das gesamte Leben auf der Erde an den Rand der Vernichtung und lenkten jeweils seine Entwicklung in neue Bahnen. Davon wird später noch zu sprechen sein.

Man kann sich schon an dieser Stelle die Frage stellen, ob etwa unter anderen Umweltbedingungen als in der Frühphase der Erde sich möglicherweise sogar auf einer anderen chemischen Basis eine Art von Leben entwickelt haben könnte. Im Zeitalter der Computer erfahren wir täglich, daß unter bestimmten Konstruktionsprinzipien Siliziumchips in einem Metallgehäuse unter Zufuhr von Energie durchaus Leistungen vollbringen können, die zumindest denen eines menschlichen Gehirns überlegen sind – wenn es etwa um schnelle Rechenoperationen geht. Eigentlich sind wir selbst auf dem besten Wege, eine Art technisch-anorganischer Intelligenz zu entwickeln, die natürlich gegenwärtig völlig von der menschlichen Kontrolle abhängt. Ist es denkbar, dass hier einmal eine Abkoppelung stattfindet, eine Art von Selbstreplikation solcher Maschinen, die auch zur Optimierung ihrer Eigenschaften führt und zunehmende Unabhängigkeit von der menschlichen Hand gewährleistet? Solche Vorstellungen sind immer wieder einmal entwickelt und dann auch von den Fachleuten belächelt worden. Ist es wirklich ganz abwegig, sich eine anorganisch-technische Evolution vorzustellen? Hat vielleicht eine solche Evolution auf anderen Planeten stattgefunden? Die weitere Entwicklung der künstlichen Intelligenz auf dieser Erde wird uns vielleicht zu einem späteren Zeitpunkt die Antwort auf solche Fragen bescheren.

Bisher haben sich keine Anhaltspunkte für Leben auf anderen Himmelskörpern finden lassen. Die Suche ist im vergangenen Jahrzehnt intensiviert worden und wird vermutlich weiter verstärkt werden. Wasser als Voraussetzung von organischem Leben ist sicherlich auch auf anderen Planeten vorhanden. Der Jupitermond *Europa* ist sogar von einer vermutlich kilometer-dicken Eisschicht überzogen, wie es eindrucksvolle Bilder der Voyager-Sonde zeigen. Ebenfalls gibt es Anhalt für Wasser auf den Jupitermonden *Ganymed* und *Callisto*. Auch der Mars wies zumindest in der Vergangenheit Wasser an seiner Oberfläche auf. Vielleicht stehen uns hier schon in näherer Zukunft Überraschungen ins Haus.

In den vergangenen Jahrzehnten wurde viel von dem mystischen Schleier zerrissen, der das Leben – vermutlich solange es Menschen gibt – verhüllt. Kein Ereignis hat jedoch tiefgreifender einen Wandel bewirkt, als das in den letzten Jahrzehnten zunehmende Wissen über den Code des Lebens, über die chemische Grundlage unserer Vererbung, über die molekulare Regulation unserer Erbanlagen und über die genetische Steuerung auch von Verhaltensmustern. Während die Biochemie des vergangenen Jahrhunderts uns Wissen über Stoffwechselwege vermittelte, wie etwa unsere aufgenommene Nahrung in Energie umgesetzt wird, hat uns die Molekularbiologie über ein knappes Jahrhundert die Mechanismen der Vererbung und deren Beeinflußbarkeit aufgezeigt. Die chemische Natur unserer Erbsubstanz, der Desoxyribonukleinsäure (DNS), wurde charakterisiert, und gerade in diesen Jahren wurde sogar die Bausteinfolge für das menschliche Erbgut weitgehend aufgeklärt – mit etwas mehr als drei Milliarden Nukleotiden ein gewaltiger Erfolg! Dies war schon in den vorausgegangenen Jahren für eine Vielzahl von Viren, für eine Reihe von Bakterien, für den Malaria-Erreger *Plasmodium falciparum*, für den Fadenwurm *Caenorhabditis elegans* und für die Fruchtfliege *Drosophila melanogaster* gelungen. Auch die Bausteinfolge des Erbguts einer Pflanze, der Ackerschmalwand, wurde inzwischen analysiert. In naher Zukunft wird eine Vielzahl von weiteren Spezies in der Bausteinfolge ihres Erbguts bestimmt sein, wie etwa Mäuse, Ratten, Haustiere und Schimpansen, aber auch die Pflanzen wie Reis und Mais. Die Information, die hier zusammenfließt, gewährt uns nicht nur Aufschluß über Funktionszusammenhänge zwischen Erbanlagen und Lebensabläufen, über unsere Verwandtschaft mit anderen Lebewesen und über den Verlauf der Evolution schlechthin, sie beginnt auch zunehmend unser Weltbild, unser Eigenverständnis in der Natur zu beeinflussen und wird künftig wohl noch viel intensiver darauf Einfluß nehmen.

2.1 Zur Entwicklungsgeschichte der Menschen

Die Paläoanthropologie, die Analyse unserer frühen Entwik-
klungsgeschichte, stützt sich im wesentlichen - wenn auch
nicht ausschließlich - auf Knochenfunde in zunehmend besser datierten Erdschichten. Das hieraus resultierende Bild ist
naturgemäß lückenhaft, beschränkt sich auf anatomische Be-
sonderheiten und Eigenschaften und vermittelt keinen Ein-
blick etwa in Sprachentwicklung und Lebensgewohnheiten.
Kulturelle Entwicklungen lassen sich nur indirekt - etwa aus
Werkzeug-, Waffen- oder Tonscherbenfunden und aus Höhlenmalereien – ableiten.

    Dennoch erlauben die vorliegenden Funde die
Konstruktion eines einigermaßen zusammenhängenden Bil-
des. Vor etwa 60 Millionen Jahren kam es zu einem schweren
Meteoriteneinschlag, der vor allem durch Iridiumanreiche-
rungen in entsprechenden Schichten der Erdkruste angezeigt
wird. Die dadurch hervorgerufene schwere Naturkatastrophe
hat vermutlich auch das Aussterben der Dinosaurier verursacht. In der Folge kam es in einer relativ kurzen Zeitspanne
zu einer raschen Evolution der Säugetiere. Diese Tierklasse
hatte schon vor der Katastrophe existiert, offensichtlich in
rattenähnlichen Lebensformen. Als Warmblüter vermochten
sie sich eher den veränderten Lebensbedingungen anzupassen und erlebten in den folgenden 2 bis 3 Millionen Jahren
eine geradezu sprunghafte Entwicklung.

    Die ersten Knochenfunde, die identifizierbar
von Affen stammen, lassen sich auf etwa vierzig Millionen
Jahre zurück datieren. Wenn wir der Existenz des Lebens auf
der Erde drei Milliarden Jahre zugrunde legen, dann sind die
Primaten in den letzten 1.3% dieser Zeitspanne entstanden.

Die ersten Knochenfunde von fossilen Pferden lassen sich
dagegen schon über 58 Millionen Jahre zurück verfolgen.
Höhere Primaten traten vor etwa 20 Millionen Jahren in Er-
scheinung.

Vor gut fünf Millionen Jahren kam es zur Entwicklung von menschen-ähnlichen Primaten, die sich bevorzugt nur auf zwei Beinen fortbewegten. Eine zunehmende
Zahl von Knochenfunden weist einigen von diesen Spezies
eher affen-ähnliche Charakteristika zu, wie etwa dem *Australopithecus africanus*, während andere der Spezies *Paranthro-
pus* dagegen bereits einige Skeletteigentümlichkeiten der modernen Menschen aufwiesen. Deutlich wird allerdings von
diesen Befunden, die in dieser Zeitphase ausschließlich aus
Afrika stammen, dass vor 3 bis 5 Millionen Jahren mehrere
unterschiedliche Arten existierten, welche die Zweifüßigkeit
als Bewegungsprinzip entwickelt hatten und deren Hirnvolu-
men größer als das anderer Primaten war, obwohl es noch
deutlich unter dem Volumen heute lebender Menschen lag.
Eine Art von ihnen, der *Australopithecus africanus*, hatte eine
Kniegelenkstruktur entwickelt, die sonst weder bei Affen,
noch bei späteren Menschenarten gefunden wurde. Schon
hieraus konnte man den Schluss ableiten, dass sich die Entwicklung zum heutigen Menschen nicht gradlinig vollzog
und in dieser Frühphase mehrere verschiedene Arten um den
aufgrund der Fortbewegungsweise neu erschlossenen – vermutlich Savannen-ähnlichen – Lebensraum konkurrierten.
Fast alle dieser Arten starben schon vor mehr als einer
Millionen Jahren aus. Dass *Homo sapiens* sich aus einer dieser Arten entwickeln konnte, nicht nur überlebte, sondern
sich auch weltweit ausbreitete, verdankt er Eigenschaften,
die uns noch später beschäftigen sollen.

Auf etwa 1.8 Millionen Jahren lassen sich die ersten Knochenfunde zurückdatieren, die eindeutig Charakteristika der Spezies *Homo* aufweisen. Gewisse Unterschiede haben wiederum darauf hingewiesen, dass unterschiedliche Arten fast zeitgleich auftraten, etwa der grazile *Homo habilis* und der robustere *Homo erectus.* Aus der gleichen Zeitphase stammen auch die ersten Funde von primitiven Steinwerkzeugen. Erste kleine Handäxte fanden sich etwa vor 1.5 Millionen Jahren. Eine dem *Homo erectus* nahe verwandte Menschenart, *Homo ergaster*, wies bereits ein hohes Maß von Beweglichkeit auf, kannte bereits die Nutzung des Feuers und war wohl die erste Menschenart, die in einer riesigen Wanderbewegung vor etwa einer Million Jahren den afrikanischen Kontinent verließ und sich vor allem nach Ostasien ausbreitete. Knochenfunde aus Java und aus China belegen, dass diese Menschen schon vor vermutlich annähernd 800 000 Jahren China und Java erreicht hatten. Auf Java deuten eine Reihe von Funden darauf hin, dass sie dort bis vor etwa 30 Tausend Jahren existierten, dann aber – zeitgleich mit dem Eintreffen der modernen Menschen – ausstarben. Ihre Skeletteigentümlichkeiten lassen sie deutlich von den heute lebenden Menschen unterscheiden, bereits die Schädelstruktur charakterisiert sie klar.

Wiederum über eine Einwanderungswelle aus Afrika – diesmal vermutlich nicht nur über die arabische Halbinsel, sondern auch über Spanien – kam es etwa vor 600-800 Tausend Jahren zur Besiedlung großer Teile Vorderasiens und Europas durch eine Menschenart, die dem *Homo ergaster* nahe stand, deren Ausgangsform als *Homo heidelbergensis* in die Paläoanthropologie einging, die aber dann vom *Homo neanderthalensis*, dem vielzitierten Neandertaler vermutlich verdrängt wurde. Anatomisch wiesen die Neandertaler eine Reihe von Charakteristika auf, die sie sehr deutlich von den heute lebenden Menschen abzugrenzen erlauben.

Neandertaler haben über etwa 500000 Jahre weite Teile Europas und Vorderasiens bewohnt. Sie hatten sich gut an die sich verändernden klimatischen Bedingungen – den zwischenzeitlich auftretenden Abkühlungen und Eiszeiten – angepasst. Sie jagten in kleinen Gruppen und waren die erste Menschenart, die nachweislich ihre Toten bestattete. Bedeutsamerweise starb auch diese Menschenart bald nach dem Eintreffen unserer Vorfahren, der Art *Homo sapiens*, aus.

Nichts deutet darauf hin, dass sich die Spezies *Homo sapiens* etwa in Europa mit den Neandertalern oder in Asien mit *Homo ergaster* vermischte. Bruchstücke von Mitochondrien DNS, die aus Knochenfunden von Neandertalern aus dem Neandertal und aus dem Kaukasus gewonnen werden konnten, weisen charakteristische Unterschiede zu den heute lebenden Menschen auf (*Krings et al.*, 1997, *Igor et al.*, 2000). Darüber hinaus zeigten Untersuchungen des Y-Chromosoms bei 12.137 Männern aus 163 unterschiedlichen Bevölkerungsgruppen aus Südost-Asien, Ozeanien, Ostasien, Sibirien und Zentralasien, dass sie alle die gleiche Mutation tragen – im Gegensatz zu einer Reihe von afrikanischen Volksgruppen (*Ke et al.*, 2001). Es gibt eindeutige Hinweise, dass sich diese Mutation auf eine analoge Veränderung in Afrika zurück führen lässt, die dort noch bei einer Minderheit von Ostafrikanern und beim Khoisan-Stamm gefunden wird (*Underhill et al.*, 2000). Nach diesen Berechnungen sollen die anatomisch modernen Menschen Afrika vor 35000 bis 89000 Jahren verlassen haben.

Die paläoanthropologischen Befunde legten bereits nahe, dass die Art *Homo sapiens* in Afrika ihren Ursprung hat, was später durch die molekularbiologische Analysen nachhaltig gestützt wurde. Als Menschenart ist sie evolutionsgeschichtlich sehr jung, die ersten eindeutigen Skelettfunde in Äthiopien lassen sich etwa auf 130 Tausend Jahre zurückdatieren. Die weltweite Ausbreitung des Homo sapiens vollzog sich in einer geschichtlich erstaunlich kurzen Zeitpanne: die ersten Skelettfunde in Palästina lassen sich auf etwa 80 Tausend Jahre zurückführen. In Europa – vor allem in Frankreich, Spanien und Deutschland – blühte eine Frühkultur vor etwa 30000 bis 40000 Jahren auf.

Überall wo der moderne Mensch sein Terrain eroberte, kam es zum Aussterben dort bereits vorhandener Menschenarten. Wir wissen nicht, in wie weit das Aussterben anderer Frühmenschen- und Menschenarten in Afrika durch die Hominiden selbst verursacht wurde, oder ob andere Faktoren, etwa auftretende Seuchen und chronische Krankheitserreger, hier eine Rolle spielten. Für Asien und Europa liegt dagegen die Vermutung nahe, dass ein direkter Zusammenhang zwischen der Ausbreitung des *Homo sapiens* und dem Aussterben dort zuvor lebender Menschenarten besteht. Die Kompetition um gleiche Lebensräume, wie vermutlich auch die offensichtlich deutlichen körperlichen Unterschiede – aber auch die Befähigung zur Analyse und zum systematischen Denken, vielleicht auch der differenzierte Gebrauch der Sprache – ließen den weniger organisierten Ureinwohnern wenig Chancen. Ihre Ausrottung benötigte einen geschichtlich nur sehr kurzen Zeitrahmen. In Europa verschwanden die letzten Neandertaler etwa vor 30000 Jahren aus der Geschichte, etwa zeitgleich mit den Ureinwohnern Ost- und Südostasiens.

Die wesentliche Erkenntnis der Paläoanthropologie korrigiert eine Grundvorstellung, die sich seit Darwin vor allem in der ersten Hälfte des vergangenen Jahrhunderts zäh gehalten hatte – nämlich die langsame – geradezu gradlinige – Evolution des heutigen Menschen aus affen-ähnlichen Vorfahren durch Anpassung an veränderte Umweltbedingungen und Selektion. Das verfügbare Bild ist viel komplexer: sicherlich gab es gemeinsame Vorstufen von heute lebenden Menschenaffen und Mensch. Nichts deutet allerdings darauf hin, dass diese in direkter Linie sich zum heutigen Menschen entwickelt haben. In den vergangenen sechs Millionen Jahren verzweigten sich die unterschiedlichen Vormenschen- und Menschenarten in eine Reihe von Entwicklungslinien. Sie starben nach kürzerem oder längerem Aufblühen schließlich aus. Aus einer von ihnen aber gingen die heutigen Menschen hervor, die aufgrund vermutlich nur geringfügiger genetischer Veränderungen in die Richtung ihrer späteren Entwicklung gerieten. Es ist fast müßig, darüber zu spekulieren, hätten diese Veränderungen nicht stattgefunden, wäre die Welt möglicherweise von den Neandertalern erobert worden, die ebenfalls ihre kulturellen Bräuche weiter entwickelt hätten. Insofern nahm die Entwicklung der Menschheit bis hin zum heutigen Menschen einen eher zufälligen Kurs, der in der Berücksichtigung zufälliger Mutanten nach jeweiliger Verzweigung der Arten im Verlauf der Evolution einem Zickzack gleicht. Unsere Vorfahren haben vermutlich in entscheidender Weise die Evolution der Gattung *Homo* selbst beeinflusst, indem sie direkt alle verwandten Arten, die den gleichen Lebensraum beanspruchten, ausrotteten und auch die entfernter verwandten Menschenaffen der Ausrottung nahe brachten. Die Ausrottung der Neandertaler und der Ureinwohner Ostasiens war vermutlich das erste – und überaus „erfolgreiche" – Genozid in der Geschichte des *Homo „sapiens"*.

Wenn man auf die uns gut zugängliche jüngere Geschichte unserer Art zurückblickt und die bekannten Anlässe summiert, die aus „rassischen", aus religiösen, aus ideologischen oder schlicht machtpolitischen Gründen zu Genoziden oder zu Ansätzen innerhalb unserer Art in diese Richtung führten, so findet sich kaum eine Zeitperiode, in der nicht irgendwo auf der Welt aus solchen Motiven Kämpfe oder „Säuberungen" stattfanden. Ruanda, Burundi, die Stammeskämpfe im Kongo und politische Ereignisse im Kosovo legen sogar gegenwärtig beredtes Zeugnis für diese Aussage ab. Um wie viel weniger ist es wahrscheinlich, dass unsere Vorfahren zu einer friedlichen Koexistenz mit anderen Menschenarten bereit waren, die sicherlich ein deutlich anderes Erscheinungsbild aufwiesen und mit ihnen um Lebensraum und Nahrung konkurrieren mussten.

2.2 Darwin und die Evolution

Im christlichen Bereich wurde über fast zwei Jahrtausende hinweg der Inhalt der Bibel als die von Gott übermittelte Wahrheit wörtlich genommen. Im Jahre 1650 hatte noch der Erzbischof von Armagh in England, *James Ussher*, genau berechnet, dass Gott die Erde in der Nacht zum Sonntag, dem 23. Oktober, 4004 Jahre vor Christi Geburt, erschaffen hatte. Er hatte die Lebensspanne der Nachkommen Adams mit seinem Wissen über den Hebräischen Kalender und anderen biblische Aussagen kombiniert, wurde dabei keineswegs belächelt, sondern fand eher über weitere 200 Jahre lebhafte Zustimmung (*Cadbury, 2000*). Zum Beginn des neunzehnten Jahrhunderts begannen allerdings diese Vorstellungen Risse zu bekommen: als *Joseph* und *Army Anning* 1811 und 1812 in

Dorset, England, die ersten versteinerten Skelette mehr als fünf Meter langer *Ichthyosaurier* fanden, wurde bald klar, dass diese Skelette aus einer viel früheren Erdperiode stammen mussten. *William Buckland* in England, *Georges Cuvier* in Frankreich und viele andere trugen in den folgenden Jahren und Jahrzehnten die faszinierende Geschichte der Paläontologie zusammen. In der Tat hatte es vor mehr als 60 Millionen Jahren Lebewesen gegeben, die in ihren Ausmaßen alle bis dahin bekannten Tiere weit in den Schatten stellten, offensichtlich aber ausgestorben waren.

Erste aufkeimende Ideen einer Evolution des Lebens wurden zu Beginn des neunzehnten Jahrhunderts in klarster Form von *Jean-Baptiste Lamarck* in Frankreich in seiner *Histoire Naturelle des Animaux sans Vertèbres* geäußert. Hier schlug er vor, dass die Natur die Entwicklung immer komplexerer Lebensformen begünstige. Die intensive Nutzung bestimmter Organe würde deren Weiterentwicklung entscheidend fördern. *Die Vererbung erworbener Eigenschaften*, so etwa ließ sich seine Hypothese auf eine Kurzform bringen.

Es hat in der Folge nicht an weiteren Bemühungen gefehlt, die damals besonders aufregenden paläontologischen Befunde zu erklären. Auch die vergleichende Anatomie lieferte schon früh bestechende Hinweise für gleiche Aufbauprinzipien etwa der Skelettknochen von Wirbeltieren, einschließlich des Menschen. Aber erst Darwin vermochte 1859 eine umfassende Evolutionstheorie vorzutragen, deren Überzeugungskraft nicht zuletzt auch aufgrund ungemein sorgfältiger Analysen bis heute nicht an Anziehungskraft verlor.

Auch wenn die vergleichende Anatomie bereits klare Hinweise für eine analoge Struktur des Skelettaufbaus

zwischen verschiedenen Tierarten und dem Menschen auf-
zeigte, die Paläontologie und Paläoanthropologie bereits im
neunzehnten Jahrhundert auf primitive Vorstufen heute lebender Arten hinweisen konnten, so hat es doch einer erstaunlichen Zeitspanne bedurft, bis die Grundidee der Evolution des Lebens und des Menschen breite Akzeptanz fand.
Mit Recht wird Charles Darwin als der erste angesehen, der
ein umfassendes – wenn auch zwangsläufig noch unvollstän-
diges und sicherlich nicht in jedem Detail korrektes (Wesson,
1991) – Konzept für die Evolution der Arten vorlegte.

Als Darwin 1859 seine Schlüsse in dem Buch
„*The Origin of Species*" veröffentlichte, hatte er nach zweiund-
zwanzigjähriger Reflexion seine Beobachtungen zusammen-
gefasst, auf deren Basis er die Evolution der Organismen postulierte. Den Ursprung aller bestehenden Arten führte er auf
primitivere Stammformen zurück, wobei er den „*Kampf ums
Dasein*" (*Struggle for Existence*) und die „*natürlichen Auslese*"
der bestgeeigneten Lebensformen (*Natural Selection for the
Survival of the Fittest*) als treibende Kraft für die Richtung
der Evolution beschrieb. Mit einer großen Sammlung von
Einzelbeobachtungen belegte er seine Hypothese, die umge-
hend eine kontroverse Diskussion auslöste. Zwölf Jahre später, 1871, begnügte er sich nicht mehr mit einer Erklärung
der Entstehung von Arten, sondern übertrug in einem für die
damalige Zeit kühnen Gedankenzug seine Theorien auf die
Entstehung des Menschen. Das Buch „*The Descent of Man
and Selection in Relation to Sex*" fand ebenso leidenschaftli-
che Befürworter wie Gegner. Darwin, der von 1809 bis 1882
lebte, bekam nur einen kleinen Teil des Aufruhrs mit, den
er mit seinen Schriften erzeugte. Die Vorstellung, dass der
„*Mensch vom Affen abstammen*" könnte, war nicht nur vielen

seiner Zeitgenossen zuwider, sie wurde auch als Widerspruch
zur Schöpfungsgeschichte der Bibel gesehen; selbst bis in unsere Tage hinein ist diese Aufregung nicht ganz verebbt: so
hat die oberste Schulbehörde des Staates Kansas in den Vereinigten Staaten noch 1999 die Verbreitung der Darwin'schen
Lehre als alleinige Erklärung der Artenentstehung an den
Schulen in Kansas untersagt. Auch wenn diese Entscheidung
etwa ein Jahr später zurückgenommen wurde, hatten die
„Kreationisten", die Verfechter der biblischen Schöpfungsgeschichte einen zumindest zeitweilig weltweit aufsehenerre-
genden Sieg errungen. Zeitgleich und im Gefolge dieser Entscheidung blühte unter der Führung eines Biochemikers, Dr.
Michael J. Behe, in den USA eine neue etwas verhülltere kreationistische Idee auf: die *„Intelligent Design Theory"*, die davon ausgeht, dass hinter der Evolution und der komplexen
Organbildung ein intelligenter Entwurf stehen muss (*Behe*,
1996). Sie hat ihre Wurzeln bereits in der Physikotheologie
des 17. Jahrhunderts (*Mittelstraß*, 1995). Die dahinter stehen-
de Idee findet Anhänger in einer Reihe von Staaten der USA.
Sie ist in gewisser Weise die Wiederauferstehung des christlichen „teleologischen Gottesbeweises", der von Kant aufge-
nommen und bereits im frühen Mittelalter, etwa von Thomas
von Aquin vertreten wurde (*Mittelstraß*, pers. Mitt.). Bis 1859
gab es wenig ernsthafte Gegner dieser Sicht. Interessanterweise wird die Intelligent Design Theorie von christlichen
Stiftungen intensiv gefördert. So wird das Jahresbudget des
„Discovery Institute" in Seattle von US $ 1.1 Millionen nach
Aussage der *New York Times* von solchen Stiftungen getragen. Dieses Institut gilt den Kreationisten als Zentrum der
Erneuerung von Wissenschaft und Kultur, das die *Intelligent
Design Theory* nachhaltig fördert. Die *New York Times* wid-

mete dieser Entwicklung am 8. April 2001 einen Leitartikel
auf dem Titelblatt. Nach Aussage der New York Times sind
übrigens bei Umfragen 45% aller US-Amerikaner Kreationisten.

Darwin war nicht der Erste, der eine Entwik-
klung der Lebewesen aus primitiveren Stammformen postulierte. Insbesondere in England, Frankreich, Deutschland,
Belgien, und den USA keimten in der ersten Hälfte des neunzehnten Jahrhunderts eine Reihe von Gedanken auf, die retrospektiv als Vorläufer der Darwin'schen Thesen angesehen
werden können. Das entscheidende Neue am Gedankengang
Darwins war jedoch die Konsequenz, mit der er seine Thesen
auf den gesamten lebenden Kosmos unter Einschluss des
Menschen übertrug und darüber hinaus den Lebenskampf in
der Anpassung an die sich verändernde Umwelt als Auslese-
prinzip für die am besten angepassten und damit in der
Fortpflanzung erfolgreichsten Individuen erkannte. Insbesondere in seinem zweiten Werk betonte er außerdem noch
die Partnerwahl als einen weiteren wichtigen Faktor für die
Evolution.

In krassem Gegensatz zu religiös geprägten
Weltanschauungen postulierte Darwin die Veränderbarkeit
der Arten, deren stetige Evolution, die Ausmerzung lebens-
untüchtiger Formen und Arten – etwa beim Wandel der Umweltbedingungen – und die Anpassung durch genetische Veränderungen, deren Grundlagen ihm zu dieser Zeit unbekannt bleiben mussten. Die Entstehung des Menschen aus
tierischen Vorstufen – das Wort „Affe" wurde in den folgenden Jahrzehnten meist sorgfältig vermieden, um weniger
emotional argumentieren zu können – war ein unerhörtes
Postulat. Die Vorstellung einer Lebenskette, die Pflanzen und

Tiere umfasst und deren gemeinsame Entwicklung aus einfachsten Vorstufen, die Evolution komplexer Organe und Sinnesfunktionen – des Auges, des Gehirns, des Gehörs, des Riechens – stellt bis heute für viele eine kaum überwindbare geistige Barriere dar, gegen die mehr emotional als rational argumentiert wird. Ein über Jahrtausende in allen Kulturkreisen der Erde in unterschiedlicher Form tradiertes Weltbild, das menschliche Selbstverständnis, wurden von Darwin schlagartig in Frage gestellt.

Seit der Veröffentlichung des Buches „*The Origin of Species*" sind inzwischen über 140 Jahre vergangen. Jahre, in denen sich mit zunehmender Überzeugungskraft die Darwin'schen Thesen stützen ließen: die Paläontologie und Paläoanthropologie mit Knochenfunden von primitiveren Vorläuferarten, die vergleichende Anatomie und Physiologie, die analoge Bau- und Funktionsprinzipien zwischen sehr unterschiedlichen Arten aufzeigten, die gleichförmigen Stoffwechselvorgänge der verschiedenen Spezies, die Züchtungsforschung, welche die Veränderbarkeit einer Art am Beispiel der Haustiere dokumentieren kann – sie alle haben bei nüchterner Betrachtung kaum Zweifel aufkommen lassen, auch wenn – wie das Beispiel des Schoolboards des Staates Kansas zeigt – die Zweifler bis heute nicht verstummt sind.

Inzwischen haben Genetik und Genomforschung eine neue Qualität in diese Diskussion gebracht. Aus dem Erbgut einer jeden Art lässt sich für jedes Gen – sofern die Bausteinfolge bekannt ist – verhältnismäßig schnell und einfach der Verwandtschaftsgrad mit anderen Spezies ablesen. Der Stammbaum des Lebens offenbart sich hier in der Retrospektive und zeigt auch bisher wenig vermutete Verwandtschaften auf – wie etwa die zwischen Walen und Nil-

pferden, die vor Jahrmillionen gemeinsame Vorfahren aufwiesen.

Nicht jedes Detail der Darwin'schen Lehre konn-
te sich in der Folge behaupten: so hielten insbesondere seine
Vorstellungen zu immer vollkommeneren Entwicklungsfor-
men einer näheren Überprüfung kaum statt. Nicht alle im
Verlauf der Evolution auftretenden neuen Eigenschaften erweisen sich für die betreffende Spezies als hilfreich, viele sind
offenkundig irrelevant und einzelne sogar schädlich (*Wesson*,
1991). Auch sind nicht immer Stärke und Größe von evolutio-
närem Vorteil: dies lässt sich leicht durch das Aussterben der
meisten Großtierarten nach Erscheinen des *Homo sapiens*
aufzeigen. Dennoch, auch wenn Darwin nicht mit jedem Detail seiner Hypothese recht behalten hat, vor allem die Zufäl-
ligkeit der Richtung der Evolution erst später besondere Aufmerksamkeit fand und wir heute sein – auch vielfältig miss-
verstandenes – *„survival of the fittest"* eher als *„survival of
the best adapted"* sehen, dürfen seine Ideen als eine der großen Geistesleistungen des 19. Jahrhunderts gelten. Obwohl
seine Grundideen heute in ihrer Richtigkeit weitgehend aner-
kannt werden, ist immer noch erstaunlich, wie viele Bemühungen es auch derzeit noch gibt, diese Aussagen in Frage zu
stellen. Insbesondere in den Vereinigten Staaten bemühen
sich immer wieder auch Wissenschaftler, den Kern der Darwin'schen Aussagen anzuzweifeln. Verfechter der *„Intelligence
Design Theory"* versuchen, an Einzelbeispielen zur Entwik-
klung von Organen oder über Wahrscheinlichkeitsrechnun-
gen zu belegen, wie unmöglich auf der Basis von Zufällen ein
so komplexes Gebilde wie ein Wirbeltier entstanden sein
könnte. Zumeist vergessen sie dabei, dass die Richtung che-
mischer und auch biologischer Reaktionen häufig nicht dem

Zufallsprinzip unterliegt und dass sich zum Beispiel die Evolution des Auges über licht-empfindliche Einzelzellen bis hin zur Bündelung solcher Zellen und der Entwicklung primitiver Vorstufen des Auges in der vergleichenden Anatomie aufzeigen lässt.

Es verdient Beachtung, dass heute selbst die katholische Kirche sich nicht nur mit der Kritik an der Evolutionstheorie zurückhält, sondern sogar aufzeigt, dass und wie diese mit der kirchlichen Lehre vereinbar ist. Hier sind nach 140 Jahren - anfangs offenen und später eher versteckten - Widerstandes offensichtlich Lehren aus Fehlern der Vergangenheit gezogen worden; der viel zitierte Fall Galilei wird sich nicht wiederholen.

3 Die Entwicklung der Genetik und der Molekularbiologie

Fast zur gleichen Zeit wie Darwin hatte der Augustinerpater *Gregor Mendel* im Klostergarten in Brünn Kreuzungsversuche an Gartenerbsen unternommen, die er im Jahre 1865 in den Berichten der Naturgeschichtlichen Vereinigung von Brünn unter dem Titel *„Versuche über Pflanzenhybride"* veröffentlichte. Sie blieben dort über 35 Jahre unentdeckt, und Mendel, der von 1822 bis 1884 lebte, blieb die Anerkennung für seine bahnbrechenden Leistungen zeitlebens versagt. Mendel hatte ein neues Konzept für die Vererbung von Eigenschaften entwickelt und gezeigt, dass unterschiedliche Eigenschaften von Generation zu Generation in einer vorhersagbaren Weise weitervererbt werden. Die von ihm erarbeiteten *Mendel'schen* Gesetze sollten über gut 100 Jahre die Grundlage der sich im zwanzigsten Jahrhundert rasch entwickelnden Vererbungslehre werden.

Die Zeitgenossen Darwin und Mendel, die sich nicht kannten, möglicherweise nicht einmal von ihren wissenschaftlichen Arbeiten wussten, haben die Grundsteine zum vermutlich tiefstgreifenden Wandel in unserer Weltsicht und in unserem Eigenverständnis gelegt, dessen Auswirkungen uns erst heute – über die rasch fortschreitenden Entwicklungen der Molekularbiologie – in ihren Konturen entweder bewusst sind oder aber bewusst werden müssen.

Die Mendel'schen Gesetze hatten nach ihrer Wiederentdeckung durch *Correns, de Vries* und *Tschermack* zu Anfang des vergangenen Jahrhunderts wenig Probleme, sich durchzusetzen. Wurde hier doch wissenschaftlich begründet, was alle zu wissen glaubten: dass Gleiches aus Gleichem entsteht und die Kinder eines Elternpaares mit blauen und braunen Augen eine größere Chance haben, braunäugig zu sein. Die molekularen Grundlagen der Vererbung hatten nach der Aufklärung der Struktur der Erbsubstanz, der Desoxyribonukleinsäure oder DNS, durch *Jim Watson* und *Francis Crick* im Jahre 1953, verhältnismäßig rasch abgeklärt werden können. Einige „Störfaktoren", die einer generellen Anwendbarkeit der Mendel'schen Regeln entgegen zu stehen schienen, ließen sich später durch *„springende Gene"* (*Transposons*), durch Chromosomenrekombinationen, durch die selektive Vervielfältigung einzelner Genabschnitte (*Amplifikatonen*), durch den Einbau fremden Erbguts und durch Veränderungen des Erbguts an spezifischen Stellen durch Anlagerung von Methylgruppen (*„genetisches Imprinting"*) molekularbiologisch elegant erklären.

Die vergangenen 50 Jahre haben eine neue Qualität nicht nur für die Vererbungslehre, sondern auch in die Evolutionsdebatte gebracht. Avery hatte in den frühen vierziger Jahren die DNS, als Grundsubstanz der Vererbung identifiziert. *Erwin Chargaff* hatte 1950 beobachtet, dass die Bausteine der DNS, die Basen Adenin und Thymin und auf der anderen Seite Guanin und Cytosin, immer im gleichen Verhältnis zueinander auftraten. *Watson* und *Crick* charakterisierten 1953 deren Struktur als Doppelhelix, die sich aus den Nukleotiden Adenin, Thymin, Cytosin und Guanin zusammensetzt.

Die Strukturaufklärung der DNS war ein besonders wichtiger Meilenstein – es war gewissermaßen die Geburtsstunde der Molekularbiologie. Die Identifizierung zweier komplementärer Stränge, der Doppelhelix als Grundstruktur der DNS, ermöglichte es, den Mechanismus der Vererbung zu verstehen. Acht Jahre später, 1961, gelangen dann *Marshall Nirenberg* und *Heinrich Matthaei* die Entzifferung des genetischen Codes, wobei jeweils drei Nukleotide in Folge (als Triplett) die Information für eine bestimmte Aminosäure liefern. Diese Information wird dann in Abhängigkeit von bestimmten Start- und Schlußsignalen in der Reihenfolge der DNS-Tripletts zu Zelleiweißen, Proteinen, zusammengefügt. Damit waren entscheidende Voraussetzungen für das nun ungestüm einsetzende Wachstum der Molekularbiologie geliefert worden. Gleichzeitig wuchs das Bewusstsein, dass die Kenntnis der Bausteinfolge des Erbgutes nicht nur das Verständnis aktiver Einzelbereiche – der Gene – mit sich bringen würde, sondern auch die Grundlage für die Analyse ganzer Lebensabläufe zu liefern versprach.

Fred Sanger hat dann 1975 eine elegante Methode zur Bestimmung der Bausteinfolge im Erbmaterial entwickelt. Das Sanger'sche Verfahren fand seinen fast zögerlichen Beginn in der Analyse des Erbfadens (des Genoms) von bakteriellen und tierischen Viren, die mit jeweils etwa 3000 bis 6000 Nukleotiden zu den kleinsten bekannten Erregern gehören. Dies geschah bereits Ende der 70er Jahre. Bald folgten große komplexe Viren, wie das zur Gruppe der Herpesviren gehörende Epstein-Barr Virus mit mehr als 150 000 Basenpaaren.

3.1 Der Weg zur Sequenzierung des Humangenoms

Mitte der 80er Jahre wurden erste Stimmen laut, die forderten, auch extrem komplexe Bausteinfolgen, wie die des
menschlichen Erbgutes, in einer koordinierten internationalen Anstrengung zu bestimmen. Es war vor allem der Nobelpreisträger *Renato Dulbecco*, der zur Gesamtsequenzierung
der menschlichen DNS Sequenz aufrief – mit 3 Milliarden
Basenpaaren für diese Zeit fraglos ein gewaltiges Unterneh-
men. *Robert Sinsheimer*, *Walter Gilbert* und vor allem *Charles
DeLisi* vom Department of Energy (DOE) der Vereinigten
Staaten befassten sich bereits 1985 und 1986 mit ersten praktischen Überlegungen, wie ein solches Projekt zum Erfolg
geführt werden könne (*Roberts*, 2001).

Dulbecco verwies ursprünglich vor allem auf die
positiven Konsequenzen für die Medizin und löste gleichzeitig eine weltweite Debatte über ethische Bedenken und mögliche Negativfolgen aus, die insbesondere in Deutschland
einen enormen Widerhall fand und hier für den erheblich
verzögerten Beginn von Forschungsförderungsprogrammen
auf diesem Sektor hauptverantwortlich war.

Weniger aus dem Wissenschaftlerkreis als vielmehr aus ökologisch oder religiös bestimmten Gruppen wurden mit großer Lautstärke und besonderer Intensität in
Deutschland Forderungen nach einem Stopp der Genomforschung oder zumindest nach einem Moratorium vorgetragen.
Begleitet wurden diese Forderungen von Fernsehberichten
und Darstellungen in Tageszeitungen und Wochenblättern
über die Gefahren gentechnischer Manipulationen auch bei
Tieren und Pflanzen und über die möglicherweise katastro-
phalen Konsequenzen der „Freisetzung" irreversibel veränderter Organismen für Ökosystem und Mensch.

Aber auch bekannte Molekularbiologen wie der Nobelpreisträger *David Baltimore, David Botstein* und *Sidney Brenner* äußerten Bedenken (*Roberts*, 2001): hier waren es vor allem der Zeit- und Geldaufwand, die sich negativ auf andere Bereiche biologischer Forschung auswirken würden. *Sidney Brenner* sah die Aufgabe eher als unglaublich langweilig und als nicht-wissenschaftlich an. Er äußerte boshaft, dass die jeweiligen Projektleiter diesen „Job" Strafgefangenen in Einzelpaketen überlassen sollten, wobei sich die Größe des zu sequenzierenden Chromosomenstücks nach der Schwere der Strafe richten solle. Die Gruppe dieser Bedenkenträger konnte sich in den achtziger Jahren nicht vorstellen, dass technische Entwicklungen die Sequenzierungsgeschwindigkeit in Zukunft entscheidend verkürzen würden.

In Deutschland hat sich nach Verabschiedung des Gentechnikgesetzes und seiner Novellierung im Jahre 1993 die Diskussion beträchtlich versachlicht. Drei Jahre später, im Jahre 1996, wurde sogar ein Nationales Genomprogramm vom Ministerium für Wissenschaft ins Leben gerufen und seit dem Jahre 2001 auch mit erheblichem Mittelaufwand gefördert.

International hatten die deutschen Bedenken eine vergleichsweise geringe Bedeutung: der Startschuss für die Sequenzierung des Humangenoms erfolgte im Oktober 1990 durch ein internationales Konsortium mit nur marginaler Beteiligung deutscher Gruppen. Geplant war zunächst, das Projekt bis zum Jahre 2006 abzuschließen. Überraschend früh, bereits im Jahre 2000 lagen dann für das Humangenomprojekt die Rohdaten des menschlichen Erbguts vor. Sie wurden am 26. Juni des Jahres 2000 vom amerikanischen Präsidenten *Bill Clinton* und vom britischen Premierminister *Tony*

Blair in Anwesenheit der Repräsentanten des internationalen Sequenzierkonsortiums *Jim Collins* und *Craig Venter*, dem Leiter eines erfolgreichen „Späteinsteiger-Konsortiums", der Firma *Celera*, der Öffentlichkeit verkündet. Diese Rohdaten waren zwar nur die Grundlage für weitergehende Analysen, sie enthielten auch noch eine Reihe von Fehlern und Lücken; dennoch stellten sie eine unerhörte Leistung der beteiligten Wissenschaftler dar. Die wesentlichen Ergebnisse beider Gruppen wurden dann im Februar 2001 in den Zeitschriften *SCIENCE* und *NATURE* veröffentlicht.

Automatisierungen von Präparationsverfahren und Ablesetechniken hatten hier Wesentliches geleistet. Außerdem half gutes Management, umfangreichere überlappende Ansätze zu vermeiden. Aufgrund der hohen Zahl von etwa drei Milliarden Bausteinen hatten sich hier die Strategien zunächst auf das „Kartieren" kleinerer Abschnitte auf den Chromosomen beschränkt, wobei die Bestimmung ihres Zusammenhanges untereinander Voraussetzung für eine spätere genaue Zuordnung der Bausteine darstellte. Bald wurden aber neue Analyseverfahren entwickelt, welche die Sequenziergeschwindigkeit im Vergleich zur Ausgangsphase Mitte der achtziger Jahre enorm beschleunigten.

Der hohe personelle und finanzielle Aufwand – vor allem in den Staaten der westlichen Welt und durch die internationale Industrie – wurde von den ebenfalls hohen Erwartungen bestimmt, die sich um die Genomprojekte rankten und auch heute noch ranken. Sie lagen vordergründig im medizinischen Bereich, ihre Bedeutung für das Begreifen biologischer Prozesse und für das Verständnis unserer Evolution wurden weniger betont. Man konnte aber schon früh – wenn auch von den beteiligten Wissenschaftlern vermutlich primär

am wenigsten beabsichtigt – die intensive Auswirkungen auf
unser Weltbild und unsere Sozialstruktur erwarten. Auch
wenn die Kenntnis der Struktur unseres Erbgutes uns nicht
unmittelbar Aufschluss über seine Funktionen im Zusammenhang mit der Zellstruktur, mit den Zellverbänden und im
Gesamtorganismus vermittelt, so liefert sie uns doch die
Basis für weitere Untersuchungen über das Verständnis des
Zusammenspiels von Zellen und Organen.

　　Nachdem in der internationalen Zusammenar-
beit das Großprojekt der Aufklärung der Sequenz des Humangenoms etwa 5 Jahre früher als ursprünglich erwartet zu
einem vorläufigen Abschluss gebracht wurde, stehen offenkundig noch viele wichtige Informationen aus. Die funktionelle Analyse der Gene wird sicherlich noch erheblichen Aufwand und auch viel Zeit erfordern. Zweifellos werden wir
dann zum „gläsernen Menschen" und genetisch „durchsich-
tig". Ob sich dann viele oder einzelne der früher geäußerten
Befürchtungen als richtig erweisen, wird bereits die nahe
Zukunft zeigen können. Hier soll allein die Frage untersucht
werden, ob die Ergebnisse der Genomforschung – neben
ihrer Bedeutung für die Medizin – auch zum Verständnis
der Entwicklung des Lebens und zur Entwicklungsgeschichte
des Menschen beitragen.

3.2　Gene von Einzellern, Fruchtfliegen, Würmern und Menschen

Im März des Jahres 2000 veröffentlichte das Wissenschaftsjournal SCIENCE eine vorläufige Bausteinfolge des Erbmaterials der Fruchtfliege *Drosophila*. Insgesamt waren 125 Millionen der insgesamt 180 Millionen Basenpaare analysiert wor-

den. Diese 125 Millionen enthalten wohl die überwiegende
Mehrzahl aller Gene, da sie das sogenannte Euchromatin
repräsentieren. Als *Euchromatin* bezeichnet man Strukturen
der Chromosomen, die im Gegensatz zum stark kondensier-
ten *Heterochromatin* die aktiven Genbereiche beinhalten. Ein
verhältnismäßig großes – im wesentlichen US-amerikani-
sches – Wissenschaftlerkonsortium hatte in nur wenigen Mo-
naten die bis dahin komplexeste Sequenz analysiert. Ein Tri-
umph, der nach der Sequenzierung des Erbmaterials einer
Reihe von Einzellern, vorwiegend Bakterien wie der Lungen-
entzündungserreger *Haemophilus influenzae*, der Verursa-
cher von Magengeschwüren, *Helicobacter pylori*, und das weit
verbreiteten Darmbakterium *Escherichia coli*, der Erreger der
Cholera, *Vibrio cholerae*, aber auch der Malaria-Erreger
Plasmodium falciparum, jetzt als Konsequenz der rasch fortschreitenden Entwicklung zustande kam. Bereits im Jahre
1997 war durch ein europäisches Wissenschaftler-Konsor-
tium das Erbgut der Bierhefe entschlüsselt worden. Im Jahre
1998 folgte als erster Vielzeller der Fadenwurm *Caenorhabditis elegans*.

Die bisher vorliegenden Ergebnisse haben man-
che Überraschung gebracht und gleichzeitig schon jetzt viel
Licht auf die Entwicklungsgeschichte des Lebens geworfen:
nicht unerwartet steigt die Zahl der Gene bei Vielzellern im
Vergleich zu Einzellern und insbesondere gegenüber Viren
an. So besitzen einfache Viren, wie etwa unsere Warzenviren
8-10 Gene, das Bakterium *Haemophilus influenzae* weist bereits 1709 Gene auf, die Bierhefe hat schon 6241 Gene. Überraschend und bisher ungeklärt bleibt, warum der wesentlich
einfacher strukturierte Fadenwurm, der auch deutlich weniger Basenpaare in seinem Erbgut aufweist als die komplexere

Fruchtfliege Drosophila, mit 18424 identifizierten Genen die Zahl der jetzt bekannten 13601 Gene bei Drosophila deutlich übertrifft. Damit hat die Fruchtfliege als komplexer Vielzeller nur etwa doppelt so viele Gene wie die einzellige Bierhefe. Die bisher für den Menschen vorliegenden Befunde deuten auf eine überraschend niedrige Gesamtzahl von 30000 bis 40000 Genen hin. Diese Werte weisen allerdings zwangsläufig noch große Ungenauigkeiten auf, da von der Mehrzahl der bisher identifizierten Genbereiche durch unterschiedliche Steuerung der Ablesevorgänge („*Spleißen*") zum Teil sehr variable Zelleiweiße kodiert werden können.

Für die Entwicklungsgeschichte wichtiger als die Zahl der Gene erweisen sich Übereinstimmungen von Genen - etwa der Gene der Bierhefe mit denen des Fadenwurms, denen der Fruchtfliege, denen des Menschen. Etwa 30% aller Gene der Fruchtfliege liegen in fast identischer (homologer) Form im Fadenwurm vor. Weitere 20% sind zwischen diesen Spezies erkennbar nahe miteinander verwandt. Auch von den bisher identifizierten menschlichen Genen zeigen fast 50% große strukturelle Übereinstimmungen mit den Genen der Fruchtfliege, eine Reihe davon sind fast identisch. Gene, die zum Beispiel über die davon abgeleiteten Eiweiße – Proteine – den Zellzyklus, also die Zellteilungsvorgänge steuern, zeigen von der Bierhefe bis zum Menschen ein hohes Maß von Übereinstimmung. Nur ein Drittel der Gene von Fruchtfliege und Fadenwurm unterscheidet sich jeweils von denen anderer Spezies und ist in hohem Maße artspezifisch. Von 289 bisher analysierten menschlichen Genen, die bei bestimmten Krankheiten verändert sind, kommen 177 auch bei der Fruchtfliege vor.

Verdoppelungen – Amplifikationen – von Gensequenzen finden sich besonders häufig, wobei später auftretende Mutationen auch zu Funktionsveränderungen der vervielfältigten Sequenzen führen. So lässt sich aus den bisherigen Untersuchungen ableiten, dass die menschlichen Gene im Grunde eine vervielfältigte Version eines sehr viel kleineren Genoms darstellen, das nicht viel größer war als das des Fadenwurms oder der Fruchtfliege. Gleichzeitig kann man auf dieser Basis auch Schritte der Evolution bereits heute in relativ klaren Linien nachvollziehen; es sind offenkundig vor allem fünf Grundschritte, die zur Komplexierung und zur Veränderung der Erbeigenschaften beitragen:

> Als der wohl wichtigste Schritt stellt sich die Vervielfältigung, die Amplifikation, von Erbmaterial heraus. Verdoppelungen von einzelnen Gensequenzen sind seit langem bekannt. Ihre Gesamtbedeutung für die Evolution lässt sich aber erst aus den vorliegenden Sequenzdaten und dem Verständnis der jeweiligen Genfunktion erkennen.

> Ein zweiter Weg wird über Mutationen eingeschlagen. Dabei handelt es sich um meist punktuelle, gelegentlich auch um größere Veränderungen in der Bausteinfolge des vervielfältigten Erbmaterials. Sie entstehen als Kopierfehler, aber auch durch sogenannte „springende Gene", durch Verlust oder Neuaufnahme von Chromosomenmaterial oder auch im Verlauf eines fehlerhaften Austausches von Chromosomenarmen. Durch Mutationen kann es zum Beispiel in vervielfältigten Genkopien zum Erwerben neuer Eigenschaften kommen.

> Ein dritter wichtiger Faktor als Triebfeder für die Evolution ist die unterschiedliche Nutzung des gleichen Genbereichs. Durch das sogenannte *Spleißen*, das unterschiedliche Zusammenfügen von

einzelnen Genabschnitten, kann etwa die Fruchtfliege vier verschiedene Formen des selben Muskelproteins *Myosin* erzeugen,
während der Fadenwurm dafür vier verschiedene Gene besitzt.
Es setzt also bei den Vielzellern auch eine ökonomischere Nutzung der Gensequenzen ein.

Als vierter Faktor ist die zeitlich und räumlich unterschiedliche
Nutzung von Genen zu nennen, die vor allem eine Rolle im Ent-
wicklungsprozess, insbesondere in der Embryonalphase spielen.
Viele Gene, die etwa die Entwicklung unseres Gehirns steuern,
sind über viel längere Phasen aktiv als die entsprechenden Gene
der Maus. Die gleichen Gene unterscheiden sich bei Mensch und
Schimpanse nur geringfügig, regelmäßig in nicht mehr als 1%
der Basenpaare. Die Untersuchung ihrer Aktivität, ihrer Expres-
sion, in Hirnzellen zeigt aber, dass im menschlichen Hirn wesentlich mehr dieser Gene aktiv sind als im Schimpansenhirn. Die
unterschiedliche zeitliche, aber auch eine sehr unterschiedliche
räumliche Steuerung erweisen sich als ein weiterer entscheidender Faktor für die Evolution.

Schließlich bleibt noch als fünfter und in seiner Bedeutung für
die Evolution am wenigsten charakterisierter Faktor der Einbau
fremden Erbmaterials in das Erbgut einzelner Arten. Die Sequenzierung eines vor allem Zitronen- und Orangenbäume schädi-
genden Bakteriums, *Xylella fastidiosa*, durch eine brasilianische
Forschergruppe führte zu der überraschenden Erkenntnis, dass
etwa 5% des gesamten Erbguts durch Einpflanzen des Erbmaterials von Bakterienviren zustande kam. Wir kennen eine Reihe
von Bakterien, bei denen die Aufnahme solcher Virus-DNS zu
krankheitserzeugenden Veränderungen geführt hat: etwa bei
Diphtheriebakterien, wo die Aufnahme von bestimmten Bakte-
riophagen zur Produktion des Diphtheriegiftes führt. Auch

Ruhrerreger und die sonst harmlosen Coli-Bakterien können unter solchen Voraussetzungen zu gefährlichen Krankheitserregern werden. – Auch im menschlichen Erbgut finden sich vielfältige Spuren früherer Infektionen, hier insbesondere mit sogenannten *Retroviren*, von denen über 100000 zum Teil sehr verstümmelte Kopien im menschlichen Genom vorliegen. Bisher ist uns in den meisten Fällen die Bedeutung solcher Fremd-DNS als „Blindgänger" oder aber als potenzielle Antriebsfedern für neue Evolutionsrichtungen nicht bekannt. Auch die zeitliche Folge von Ein- oder Abschaltvorgängen von Genen kann durch Fremd-DNS beeinflusst werden.

Unbeschadet von diesen eher unmittelbaren Einwirkungen auf das Erbgut der Zelle im Verlauf der Evolution gab es noch sehr tiefgreifende mittelbare Veränderungen: sie erfolgten durch die Aufnahme anderer Mikroorganismen, wohl überwiegend von Blaualgen, in den Zellplasma der höheren, zellkern-haltigen Zelle, in dem diese ihre Selbständigkeit aufgaben und in echter Symbiose für die Entwicklung des Lebens entscheidende Voraussetzungen schufen. Als *Chloroplasten* ermöglichen sie so die Entwicklung der höheren Pflanzen und die energetische Umwandlung des Sonnenlichtes. Als *Mitochondrien* erfüllen sie entscheidende Funktionen im Energiestoffwechsel sowohl von Pflanzen als auch von tierischen Zellen.

Es ist ein häufiges Argument gerade der Gegner der Darwinschen Lehre, dass die Evolution des Lebens auf zufälligen genetischen Mutationen und natürlicher Selektion beruhen soll und ein Zeitraum von etwa 4 Milliarden Jahren nicht ausreicht, um auf dieser Basis die Komplexität der Lebensformen zu erklären (*Milton*, 1997). Sicherlich haben Darwin und viele seiner späteren Anhänger, die keine Kenntnis von komplexen Genregulationen hatten, zu dieser Diskussion beigetragen (*Wesson*, 1991). Die Vervielfältigung einzelner Gene oder ganzer Genabschnitte, deren unterschiedliche zeitliche und räumliche Aktivierung sind jedoch Faktoren, welche die Evolution nachhaltig beeinflussen und beschleunigen und die auch durch Umweltfaktoren ausgelöst werden können (*Lavi*, 1981, *Schimke*, 1984, *zur Hausen* und *Schlehofer*, 1987). Dies lässt sich bereits durch die Resistenzentwicklung von Krebszellen unter der Behandlung mit bestimmten Chemotherapeutika oder auch von Bakterien gegen Antibiotika aufzeigen. Hierin dokumentiert sich die bemerkenswerte Plastizität des Erbgutes. Es sind eben nicht notwendigerweise nur „genschädigende" Mutationen, welche die Evolution treiben, sondern auch Ereignisse, die zum Beispiel durch Erhöhung der Gen-Kopienzahl Funktionsveränderungen bewirken und eine verbesserte Anpassung an schädigende Einflüsse aus der Umwelt erlauben. Mit der möglichen Vererbung solcher durch die Umwelt induzierter „*erworbener*" Eigenschaften, findet *Lamarck* nach zwei Jahrhunderten, zumindest soweit es Körperzellen betrifft, eine gewisse späte Rechtfertigung.

Eine zeitlich verlängerte oder auch nur verstärkte Produktion des Wachstumshormons der Hirnanhangdrüse (*Hypophyse*) während der Wachstumsphase kann Riesenwuchs zur Folge haben. Umgekehrt wird die Verminderung der Produktion zu Zwergwuchs führen. Beiden Störungen liegt zumeist keine Mutation im eigentlichen Genprodukt, wohl aber in dessen Regulation zugrunde. Es ist ohne weiteres einsichtig, dass solche Veränderungen, wenn sie die Keimbahn betreffen, geradezu sprunghaft zu Veränderungen der Größenverhältnisse einer Art führen können, vor allem wenn sie sich für die jeweilige Umgebung als vorteilhaft erweisen. In analoger Weise kann die zeitliche oder räumliche Umprogrammierung anderer Gene ohne deren Funktionsänderung in der Evolution zur raschen Änderung von Artmerkmalen führen.

4 Humangenom und Medizin

Als *Dulbecco* und viele seiner Kollegen Mitte der 80er Jahre
des vergangenen Jahrhunderts nachdrücklich Bemühungen
das Wort redeten, das Humangenom in der Gesamtheit seiner Bausteine zu entschlüsseln, war sein entscheidendes
Argument die damit mögliche Aufklärung von Krankheitsursachen, insbesondere des Krebses. *Dulbecco* hatte sich als
Virologe einen Namen gemacht und vor allem Mechanismen
untersucht, wie Viren zur Krebsentstehung beitragen können. Seit der Entdeckung des zellulären Ursprungs der On-
kogene - von Genen, die aufgrund geringer Veränderungen
ihrer Bausteine zu Krebsgenen werden - durch *Stehelin*,
Varmus, *Bishop* und *Vogt* im Jahre 1974, hatten ihn und andere die Frage der Veränderungen im Erbgut beschäftigt,
die zur Bildung von Krebszellen führten. Da solche Veränderungen offensichtlich bei verschiedenen Krebsarten unterschiedlich sind, keimte bei vielen die Überzeugung auf, dass
nur die Gesamtanalyse des menschlichen Genoms eine umfassende Aufklärung über die Ursachen von Krebserkrankungen versprach. Aber auch erblich erworbene Erkrankungen, chronische Erkrankungen des Zentralnervensystems
(etwa die Alzheimer'sche Erkrankung) und Autoimmuner-
krankungen sollten einer verbesserten Analyse zugänglich
werden. Die Identifizierung krankhafter Genveränderungen,

deren Erkennung als Krankheitsrisikofaktoren und ihre Nutzung in der Diagnostik sowie möglichst dann auch dadurch bedingte verbesserte Behandlungsmöglichkeiten sollten im Vordergrund stehen.

Unter dem Stichwort „*Gentherapie*" wurde die Analyse genetisch aktiver Bereiche in zahllosen Laboratorien beflügelt, um krankhafte Veränderungen zu identifizieren, die für projizierte Behandlungsverfahren der Zukunft einen geeigneten Ansatz böten. Insbesondere konzentrierte sich das Interesse der Medizin auf Gene, die bei Erbkrankheiten oder bei Krebserkrankungen verändert sind – aber auch auf Fragen der Entwicklungsbiologie wie zum Beispiel auf Gene, welche die Struktur unserer Glieder oder den Aufbau unseres Gehirns bestimmen. Auch Gene mit organ-spezifischen Funktionen – wie etwa die Hormonproduktion in der Bauchspeichel- oder Schilddrüse – fanden früh ein hohes Interesse.

Aber können wir wirklich „*kranke*" und „*gesunde*" Gene definieren und diese auch als solche identifizieren?

4.1 „Kranke" und „gesunde" Gene

Besonders unter dem Gesichtspunkt der Evolution mag es sinnvoll sein, dass wir uns der Frage widmen, ob wir überhaupt in der Lage sind, eine Definition von Genen vorzunehmen, die „*nützlich*", „*schädlich*" oder generell „*unnötig*", dabei weder nützlich noch schädlich sind. Auf die Humanmedizin bezogen lautet die Frage, ob und wie wir kranke Gene von gesunden abgrenzen können: woher nehmen wir das Recht, eine *Gen-Norm* zu definieren? Gibt es nicht Gene, deren „Schädigung" (Veränderung durch Mutation) sich unter bestimmten Umweltbedingungen für den Träger als Vorteil erweist – etwa die zur *Sichelzellanämie* führende Veränderung des roten Blutfarbstoffes, die den Trägern in Malariagebieten einen erkennbaren Schutz vor dem Parasiten verleiht und damit das Überleben sichert? Vielleicht gilt das Gleiche für Gene, deren Ausfall die cystische Fibrose (*Mucoviscidose*, bei der es zu zäher Schleimbildung kommt, die unbehandelt meist in jungen Jahren qualvoll zum Tode führt) bedingt. Es wird spekuliert, dass der Verlust nur einer Kopie dieses Gens in früheren Jahrhunderten vor den meist tödlichen Folgen der Cholera schützt. Diese Spekulation könnte das relativ häufige Auftreten dieser Genveränderung in unserer Bevölkerung erklären. Auch ein anderes Beispiel kann diesen Problemkreis beleuchten: Im Gegensatz zu vielen Tieren ging den Menschen die Fähigkeit zur Synthese des lebensnotwendigen Vitamin C verloren. Wir sind auf seine Aufnahme durch die Nahrung angewiesen. Dieser Defekt ist bei uns Menschen die „Norm" – würde deswegen ein plötzlich zur Vitamin C-Synthese befähigter Mensch „krank" sein?

Schon aus diesen Beispielen ist erkennbar, wie verschwommen die Definition von gesund und krank ist. Bei groben Gendefekten, die mit dem Überleben unvereinbar sind oder nur ein befristetes Dahinsiechen erlauben – wie etwa beim *Hutchinson-Gilford Progerie-Syndrom* oder dem *Werner-Syndrom*, die eine Vergreisung schon im frühen Kindesalter oder während der Pubertät bedingen –, fällt uns die Beurteilung nicht schwer. Bei Veränderungen, die mit dem Überleben vereinbar sind, befinden wir uns aber sogleich in einer Grauzone: Einige Erkrankungen scheinen dann besonders gehäuft aufzutreten, wenn körperliche oder psychische Belastungen eine vorhandene genetische Disposition fördern. Dies wird zum Beispiel für die Zuckerkrankheit

(*Diabetes mellitus*), für *manische Depressionen*, und die *Schizophrenie* vermutet. Man kann daher diesen Bereich auch als „Genvariationen mit Krankheitswert" definieren.

Genveränderungen sind für das Überleben einer Art dann sogar zwingende Voraussetzung, wenn sich – wie zuvor ausgeführt – die Umweltbedingungen verändern und eine Anpassung etwa an tödlich verlaufende Infektionen, an sich verändernde Gaszusammensetzungen in der Atmosphäre oder an stark veränderte Temperaturen erfordern. Hier wird die Plastizität des Erbguts zum entscheidenden Überlebensfaktor für ein längerfristiges Überleben der Art, die natürlich im Verlauf dieser Anpassung damit auch eine Veränderung erfährt.

Begriffe wie *nützlich*, *schädlich* und *unnötig* sollten im Bereich der Genetik besser vermieden werden. Vor allem deren ideologische Anwendung hat gerade in der deutschen Geschichte zu verheerenden Konsequenzen geführt. Aus medizinischer Sicht sind wir vermutlich gut beraten, wenn wir Genveränderungen nur dann als *krankhaft* definieren, wenn sie individuelles Leiden verursachen, auch wenn damit ein weiterer Begriff eingeführt wird, der kaum scharf zu definieren ist und der sicherlich im Einzelfall eine eingehende Analyse erfordert.

4.2 Krankheitsursachen-Forschung

Die Sequenzanalyse für sich – auch wenn sie jetzt fast das gesamte Humangenom umfasst – ist eine Sammlung von Daten, die ohne begleitende funktionelle Analysen vermutlich nur geringe praktische Bedeutung besitzt. Wenn aber der Ausfall eines spezifischen Gens den Verlust einer bestimmten Funktion zur Folge hat, so können wir Ausgangspunkt und Ende meist einer Kette von genetischen Wechselwirkungen bestimmen und besitzen gleichzeitig die Werkzeuge, um deren Glieder individuell zu charakterisieren. Hier liegt der Schlüssel zur Erkenntnis vieler Krankheitsursachen, die entweder vererbt (also über unsere Keimbahn erworben wurden) – wie etwa die Farbenblindheit oder die cystische Fibrose oder durch spätere Schäden am Erbmaterial von Körperzellen – wie wir dies bei der Mehrzahl der Krebserkrankungen beobachten. Heute überschlagen sich fast die Entdeckungen „neuer" Gene, die für bestimmte Erbkrankheiten verantwortlich sind oder etwa zur Entstehung spezifischer Krebsarten oder anderer Erkrankungen beitragen. Wir haben zum Beispiel gelernt, dass Defekte in sog. Reparaturgenen, die sonst Schäden in unserem Erbgut beseitigen, hohe Lichtempfindlichkeit mit Dauerschäden an der Haut, aber auch Intelligenzdefekte hervorrufen können (ohne dass wir die Gründe für solche Zusammenhänge derzeit verstehen). Wir haben erfahren, dass Gene für bestimmte Stoffwechselvorgänge bei ihrem Ausfall das Abwehrsystem des betroffenen Patienten blockieren und diesen damit zum Opfer sonst banal verlaufender Infektionen machen. Zusätzlich bringt das Versagen wiederum anderer Gene, deren Funktion wir derzeit noch nicht oder nur zum Teil kennen, für die entsprechenden Personen ein hohes Risiko mit sich, entweder an Dickdarm-, Brust- oder Eierstockkrebs zu erkranken.

Aber auch schädigende Einflüsse aus der Umwelt lassen sich in Einzelfällen im Erbgut dokumentieren. So verursachen bestimmte Pilzgifte, die Aflatoxine, an spezifischen Stellen eines Gens für ein Protein mit dem Namen p53, das eine wichtige Funktion in der Kontrolle der Konstanz unseres Erbgutes einnimmt, charakteristische Veränderungen, welche die natürliche Funktion des p53 Proteins aufheben und zur Entstehung von Leberkrebs beitragen können. Das p53 Genprodukt kann bestimmtes Tumorwachstum unterdrücken und wird daher auch als „*Tumorsuppressorgen*" bezeichnet.

Dies sind nur einige wenige Beispiele aus einem sich unglaublich rasch ausbreitenden Panorama von Erkenntnissen *ursächlicher* Zusammenhänge. Die Analyse des menschlichen Erbgutes vermittelt uns zunächst die Grundlage, das normale „Substrat", das uns bei der Suche nach krankhaften Veränderungen gezielte Vergleiche erlaubt. Dem Symptom des Patienten lässt sich in zunehmendem Umfang die ererbte oder erworbene Schädigung bestimmter Gene zuordnen. Damit koppeln wir schon heute Struktur- und Funktionsanalysen. Diese Art der Analytik wird sich in Zukunft noch wesentlich erweitern.

Viele unserer Erkrankungen beruhen aber vermutlich nicht auf Veränderungen der Bausteinfolgen unserer Gene, sondern sind die Konsequenz von Störungen ihrer Regelkreise: eine zu lange und zu intensive Anschaltung kann verheerende Auswirkungen haben, ebenso wie eine zu geringe oder gar fehlende Aktivierung zu bestimmten Phasen unseres Lebens. So wird zum Beispiel vermutet, dass ein Zuviel an Empfängermolekülen (*Rezeptoren*) für bestimmte Botenstoffe (*Dopamine*) für das Auftreten der Schizophrenie verantwortlich sein könnte. Hormonale Überproduktion der Schilddrüse führt zur Basedowschen Erkrankung, Funktionsstörungen der Hirnanhangdrüse in bestimmten Lebensphasen zum Riesenwuchs, eine vermehrte Synthese spezifischer Hormone der Nebennierenrinde bei Frauen zu männlichem

Erscheinungsbild, die übermäßige Bildung eines Nierenhormons bedingt Bluthochdruck. Herz-Kreislauferkrankungen, die bei uns als häufigste Todesursache auftreten, haben Bezug zur erhöhten Konzentration eines bestimmten Genproduktes, des *Low Density Lipoprotein - LDL*.

Diese wie auch viele andere Erkrankungen lassen sich als Regulationsstörungen definieren, die wir bei Kenntnis der entsprechenden Gene gezielt erfassen und messen können. Auch wenn sich eine Reihe dieser Erkrankungen schon in der Vergangenheit aufgrund empirischer oder biochemischer Verfahren diagnostizieren und behandeln ließ, hilft uns die zunehmende Kenntnis unseres Erbgutes, die Ursachen dieser Regelstörungen aufzudecken, sie in ihren Konsequenzen in einer neuen Dimension zu verfolgen, um zuletzt auch ihre Wirkorte gezielt therapeutisch beeinflussen zu können.

Die Analyse unseres Erbmaterials ist aus diesen Gründen eine entscheidende Grundlage für die Krankheitsursachenforschung und wird auf diesem Sektor mit der Erweiterung unserer Kenntnisse eine immer wichtigere Rolle einnehmen.

4.3 „Fremdes" Erbgut in menschlichen Zellen

Bereits 1970 wurde klar, dass bei bestimmten Krebserkrankungen des Menschen das Erbgut eines viralen Erregers – des *Epstein-Barr Virus* – in menschlichen Krebszellen als zusätzliches Erbmaterial „eingelagert" vorliegt (*zur Hausen* und *Schulte-Holthausen*, 1970, *zur Hausen et al.*, 1970). Die Aufnahme dieses fremden Erbguts und dessen Genaktivität hat dann – wie wir heute wissen – zuvor entscheidend zur Krebsentwicklung beigetragen. In den achtziger und neunziger Jahren wurde die Aufnahme von viralem Erbgut auch bei anderen Krebsarten – etwa dem Gebärmutterhalskrebs, dem Leberkrebs, dem *Kaposi-Sarkom* /einer Krebserkrankung der Gefäßzellen) und bei einer vor allem in den südjapanischen Küstenregionen auftretenden Blutkrebserkrankung – aufgezeigt. Vielfach wird nach erfolgter Infektion das Erbmaterial des Virus (das *Virusgenom*) in die DNS der infizierten Zelle eingebaut, wo es entweder funktionslos verbleiben kann oder aber schwerwiegende Veränderungen in den Wachstumseigenschaften der betreffenden Zelle verursacht. Das viruseigene Erbmaterial wird hier also in die DNS-Fäden unseres Erbmaterials „eingeschmuggelt" und kann von dort aus als „Dirigent" den Regelkreis zellulärer Wachstumsgene übernehmen und die Zelle bis zur Krebsentartung steuern.

Es sind aber nicht allein Krebserkrankungen, die auf solche Weise verursacht sein können. Auch schwerwiegende Erkrankungen unserer Hirnzellen (etwa durch *Masernviren*), die dauernde Schwächung unseres Abwehrsystems (zum Beispiel durch das *AIDS-Virus*) und die durch das *Windpockenvirus* verursachte Gürtelrose gehen neben vielen anderen Erkrankungen auf den Verbleib des Erbmaterials der entsprechenden Erreger in den infizierten Wirtszellen zurück. Dabei führt die frische Infektion mit diesen Erregern regelmäßig zu ganz anderen Krankheitsbildern: das Epstein-Barr Virus zum Beispiel verursacht das oft langwierig verlaufende, aber in der Regel harmlose Pfeiffersche Drüsenfieber.

Die Genomforschung eröffnete uns die Möglichkeit, die Aufnahme von fremdem Erbgut in unsere Zellen aufzuzeigen und darüber hinaus auch den Mechanismus ihrer krankheits-erzeugenden Eigenschaften zu verstehen. Die

Sequenzierung von menschlichen – aber auch von tierischen und pflanzlichen – Genomen hat darüber hinaus aufgezeigt, dass wir, wohl ähnlich wie auch alle anderen Arten, im Verlauf unserer Evolution einer Fülle von Infektionen durch sogenannte *Retroviren* ausgesetzt waren, die ihr Erbgut oder Teile davon in unserer Keimbahn hinterließen. Im Verlauf von zahllosen Generationen verblieb es dort weitgehend „stumm", erfuhr gewisse Veränderungen (Mutationen) und wurde zum Teil dadurch drastisch verstümmelt. Es bleibt bis heute eine unbeantwortete Frage, ob solche Sequenzen, die bei einigen Spezies bis zu 40-50% des gesamten Genoms ausmachen und auch beim Menschen mehrere Prozent des Erbguts darstellen, evolutionärer „*Müll*" sind oder aber immer noch bestimmte Funktionen erfüllen. Für die letztere Annahme könnte sprechen, dass einige von ihnen (sogenannte *Retrotransposons*) unter Stress-Bedingungen (etwa intensive Strahlenexposition, das Einwirken mutagener Chemikalien, besondere Temperaturbelastungen) aktiviert werden, sich in neue Bereiche des Erbmaterials „einnisten" und auf dieser Basis eine Reihe von Veränderungen in der Genregulation hervorrufen können. Dies sollte zumindest für einige der betroffenen Spezies eine raschere Anpassung an veränderte Umweltbedingungen ermöglichen und könnte zugleich erklären, warum es im Gefolge geschichtlicher Umweltkatastrophen (etwa nach den vermuteten großen Meteoriteneinschlägen vor ca. 240 und 60 Millionen Jahren) zu einer besonders raschen Ausbreitung und Entwicklung neuer Arten kam.

4.4 Krankheitsrisiko-Faktoren

Neben der Krankheitsursachen-Forschung erlaubt die Analyse des Humangenoms auch die Erfassung von Krankheitsrisiko-Faktoren. Dies gilt in besonderer Weise für erbliche Belastungen, etwa beim Veitstanz (*Chorea Huntingdon*), bei bestimmten Missbildungen und genetisch bedingten Muskelerkrankungen. Dies sind alles Erkrankungen, die jeweils mit einer spezifischen Gen-Veränderung einhergehen. Es gilt aber auch für bestimmte Krebsarten, zum Beispiel für einen Teil der Brust- und Dickdarmkrebs-Erkrankungen. Obwohl hier für die Entstehung dieser Krebserkrankungen grundsätzlich mehrere Gen-Veränderungen vorliegen müssen, können bereits auf der Basis einer dieser Veränderungen genetische Tests eine Wahrscheinlichkeitsvoraussage über das spätere Krebsrisiko erlauben. Ein neuer medizinischer Bereich ist aufgrund dieser Untersuchungen entstanden – die prädiktive Medizin (*„Predictive Medicine"*). Über Probleme, die sich aus solchen Ansätzen ergeben, wird noch zu sprechen sein.

Veränderungen im schon erwähnten Gen für das p53 Protein beeinflussen die Reparaturmöglichkeiten bei Schädigungen des Erbguts. Die Folgen sind zunehmend häufiger auftretende Fehler in den Genen und bei weiteren Zellteilungen und als mögliche langfristige Konsequenz auch Krebs. Krebsviren, die ihr eigenes Erbmaterial in unsere Erbfäden „einschmuggeln", wurden schon angesprochen. Dieses fremde Erbmaterial kann als „Dirigent" den Regelkreis zellulärer Wachstumsgene übernehmen und die Zelle dann bis zur Entartung als Krebs steuern. Als weiteres Beispiel mag die ultraviolette Strahlung des Sonnenlichtes dienen, die als Krebsrisikofaktor spezifische Veränderungen im Erbgut der exponierten Zellen hervorrufen kann. Sie führt in den betroffenen Zellen zu einer festen Bindung zweier nebeneinander liegender Bausteine (*Thymidin-Dimere*), wobei ein charakteristisches Schädigungsmuster bei der Zellteilung auftritt.

Die genetische Identifizierung von Krankheitsrisikofaktoren, die Klonierung des beteiligten Erbmaterials und dessen Verfügbarkeit haben für die Bekämpfung von Infektionen bereits praktische Bedeutung gewonnen: zunächst hat sie die Entwicklung neuer diagnostischer Tests zum Nachweis dieser Infektionen ermöglicht und – wohl noch viel weitreichender in den Konsequenzen – dann auch die Herstellung von Impfstoffen, zum Beispiel gegen Papillomviren, die den Gebärmutterhalskrebs und auch Krebserkrankungen der Mundhöhle auslösen. Papillomviren lassen sich nicht in Zellkulturen vermehren. Auf gentechnischer Basis lassen sich allerdings die Hüllproteine dieser Viruspartikel in anderen Zellen, Hefen oder Bakterien in großen Mengen produzieren. Diese Proteine bilden dann partikel-ähnliche Strukturen, die frei von viralem Erbmaterial sind, aber nach Verimpfung sehr aktiv Abwehrreaktionen gegen diese Infektionen anregen. Auf dieser Basis werden heute die ersten Impfungen zur Verhütung dieser virus-bedingten Krebsformen durchgeführt. Somit resultieren hier aus der Identifizierung von Krankheitsrisikofaktoren nicht nur Früherkennungs-Maßnahmen, sondern auch vorbeugende Impfstrategien.

4.5 Industrielle Verwertung

Für die Ergebnisse der Sequenzanalysen – vor allem des Humangenoms – interessierte sich sehr bald die phaimazeutische Industrie. Schon in der Vergangenheit hatten Teilanalysen spezifischer menschlicher Gene, etwa des Insulin- oder des Erythropoietin Gens, deren Produkte den Zuckerstoffwechsel (Insulin) oder die Bildung der roten Blutkörperchen (Erythropoietin) regulieren, die Produktion nahezu unbe-

grenzter Mengen der entsprechenden Proteine mit Hilfe von
Bakterien, Hefen oder Hamster-Zellkulturen erlaubt. Weitere
Beispiele für Wirkstoffe, die sich vom menschlichen Genom
ableiten, sind Interferone und zellwachstum-stimulierende
Faktoren, Blutgerinnungsfaktoren und Wundheilungsstoffe.
Da Signale, die über solche Wirkstoffe vermittelt werden, das
Verhalten unserer Zellen im Gewebsverband regulieren, die
Organentwicklung steuern und Regenerationsprozesse ein-
leiten und überwachen, trägt die sich rasch erweiternde
Kenntnis solcher Botenstoffe als Konsequenz der Genomana-
lyse zum Aufblühen neuer Industriezweige und damit zur
Einrichtung neuer Arbeitsplätze bei. Die Verwendung vom
Menschen abgeleiteter Wirkstoffe vermeidet außerdem Probleme, die bei entsprechenden tierischen Materialien immer
wieder auftreten: vor allem die Entwicklung allergischer
Reaktionen und ein gelegentlich nicht identisches Wirkungs-
spektrum. Dies gilt insbesondere für die Herstellung spezifischer Abwehrstoffe, der monoklonalen Antikörper, die jetzt
in „humanisierter" Form, d.h. auf der Basis klonierter
menschlicher DNS, in Mikroorganismen oder sogar in Pflanzen hergestellt werden können.

  In Deutschland, mit seinem verzögerten Beginn
der staatlich geförderten Genomforschung, war in den drei
Jahren vor dem Jahrtausendwechsel eine beeindruckende
Zunahme in der Bereitschaft zur Gründung von Biotechnolo-
gie-Unternehmen zu verzeichnen, der zu einem politisch
unterstützten Gründer-„Boom" führte, in Europa in dieser
Phase unübertroffen. Ein von der Bundesregierung initiierter
regionaler Förderwettbewerb („BioRegio") erwies sich außerdem als großer Erfolg und hat das Aufblühen vieler neuer
Klein-Unternehmen stimuliert. Dennoch ist nicht zu verken-

nen, dass gegenüber den Vereinigten Staaten auch hier noch ein gewaltiger Rückstand zu verzeichnen ist. Außerdem haben die Wissenschaftler begriffen, dass der Erwerb von Patenten auch im biologischen Bereich Früchte tragen kann. Die Unterstützung von Patentierungen durch politische Maßnahmen und durch die zuständigen Forschungseinrichtungen hat weiterhin dazu beigetragen, die wirtschaftliche Nutzung der Genomsequenzdqten und den Gen-Technologie-Transfer zu fördern.

4.6 Gendiagnostik

Zwei Bereiche medizinischer Anwendung haben in besonderer Weise von der Gesamtanalyse des Humangenoms profitiert: die Diagnostik und die Therapie. Die Gendiagnostik erlaubt die Analyse von zwei in ihrer Aussagekraft sehr unterschiedlichen Genveränderungen: von Schäden in unserer Keimbahn und von Defekten, die wir im Verlauf unseres Lebens in spezifischen Körperzellen erwerben. Beide können fatale Auswirkungen für den Träger haben. Während Gendefekte in der Keimbahn auf die Nachkommenschaft vererbt werden und damit auch spätere Generationen betreffen, sind im Verlauf des Lebens auftretende Genmutationen in Körperzellen nur auf den Träger beschränkt.

Bei den Keimbahnveränderungen lassen sich hier drei Diagnostik-Ansätze unterscheiden: die *Pra-implantationsdiagnostik* (PID), die *pränatale* und die *postnatale* Diagnose. Die Präimplantationsdiagnostik führt Untersuchungen am befruchteten Ei durch, das zunächst unter Kulturbedingungen zu Teilungen angeregt wird und nach 4 bis 7 Tagen Entwicklung als „Keimblase" (*Blastocyste*) von 64 bis

256 Zellen die Entnahme einzelner Zellen schadlos übersteht. Mit Hilfe empfindlicher Testverfahren kann dann an den entnommenen Einzelzellen die Untersuchung spezifischer Veränderungen in einzelnen Genen vorgenommen werden. Blastocysten ohne den untersuchten Genschaden werden anschließend in die Gebärmutter implantiert und können sich dann normal entwickeln. Eine Fülle von Problemen verbindet sich mit diesem Verfahren, was in einer Reihe von europäischen Ländern zum Verbot solcher Untersuchungen führte. Kritische Fragen betreffen hier die „Lagerung" befruchteter Eizellen, ihr Schicksal bei Gendefekten, die Sicherheit solcher Verfahren und ihre besonders unerwünschte Manipulierbarkeit. Aus diesen Gründen spielt diese Art der Gendiagnostik derzeit keine praktische Rolle. Allerdings beginnt die Diskussion über die Vertretbarkeit solcher Eingriffe wieder aufzuleben.

Als bedeutsam erweisen sich die pränatale und die postnatale Diagnose von Erbkrankheiten, die im ersteren Fall über die Entnahme von Zellen in der Amnionflüssigkeit vor der Geburt, bei der postnatalen Analyse über Gewebs- oder Blutentnahmen zu späteren Lebensphasen durchgeführt werden. Die pränatale Diagnose ist nicht nur für die Analyse von Erbkrankheiten bedeutsam, die sonst erst nach der Geburt erkannt werden, wie etwa das *Down-Syndrom,* das durch Chromosomenumlagerung (*Trisomie 21*) bedingt ist, sondern erlaubt auch Voraussagen für das spätere Auftreten von schwerwiegenden Erkrankungen. Dies gilt zum Beispiel auch für die *cystische Fibrose,* bei der eine Genveränderung auf dem langen Arm von Chromosom 7 vorliegt. Sie tritt bei etwa einem von 2500 neugeborenen Kindern auf. Soche Frühdiagnosen können heute gendiagnostisch gesichert werden und damit den Eltern die Entscheidung auferlegen, ob das betroffene Kind ausgetragen oder die Schwangerschaft unterbrochen werden soll. Das eigentliche Problem besteht also im frühen Wissen und somit in dem Druck auf die Eltern, eine frühe Entscheidung zu treffen.

Besonders schwierig ist die Situation beim angeborenen Veitstanz (*Chorea Huntington*), der sich als Krankheit etwa erst um das 40. Lebensjahr bei männlichen Trägern bestimmter Genveränderungen, die auf dem X-Chromosom liegen, erkennen lässt. Entsprechendes gilt auch für die angeborenen *Zystennieren*, bei denen die klinischen Symptome ebenfalls erst im späteren Verlauf des Lebens auftreten und in einem Nierenversagen nach 50 bis 60 Lebensjahren enden.

Dies führt bereits tief in die Problematik der *prädiktiven Medizin*: ist es gerechtfertigt, auf der Basis solcher Diagnosen Schwangerschaftsabbruch zu empfehlen oder im Falle postnataler Diagnose die betroffenen Kinder bereits während ihrer Kindheit mit dem Wissen um ihr künftiges Schicksal zu belasten? Dazu gibt es bereits klare Stellungnahmen der *International Huntington Association* und der *World Federation of Neurology*, die Untersuchungen bei minderjährigen Kindern auf Veranlassung der Eltern zur genetischen Belastung durch *Chorea Huntington* ablehnen, die Belastung des Wissens für das Kind für unerträglich halten und ihm das Recht nicht vorenthalten wollen, als Erwachsener selbst die Entscheidung über ein Testverfahren zu fällen.

Die Fragwürdigkeit bestimmter prädiktiver Untersuchungen lässt sich noch an einem weiteren erblich bedingten Krankheitsbild aufzeigen: beim sogenannten *Marfan-Syndrom* handelt es sich um eine Erkrankung, die durch

Gelenkveränderungen, Bänderdehnungen, Sehstörungen und häufige Herzrhythmusstörungen charakterisiert ist und bei hochwüchsigen Personen auftritt. Es wird vermutet, dass beispielsweise *Abraham Lincoln, Franz Liszt, Talleyrand* und *Paganini* auch an dieser Erkrankung litten. Was hätte hier eine frühe Diagnose bewirkt? Oder anders gefragt: welche Talente, welche Menschen würde es bei rigoroser Gendiagnostik wohl gar nicht erst geben?

Die pränatale Diagnostik ist nicht eine Entwicklung, die erst durch die Genom-Analyse ermöglicht wurde. Chromosomenanalysen von Zellen der Amnionflüssigkeit etwa sind schon seit mehreren Jahrzehnten möglich. Beim *Down-Syndrom* etwa steigt das Risiko für die hier zugrunde liegende Chromosomen-Veränderung mit zunehmendem Lebensalter. Deshalb lassen schon heute mehr als 50% aller über 35jährigen schwangeren Frauen solche Untersuchungen durchführen. – Auch bestimmte Virusinfektionen in der frühen Schwangerschaft lassen sich serologisch oder über Isolierung der infektiösen Erreger diagnostizieren (*Röteln, Cytomegalie*), die dann regelmäßig zur Einleitung von Aborten führen. Dies geschieht hier sogar nur unter der statistischen Aussage, dass – in Abhängigkeit vom Embryonalalter – lediglich ein gewisser geringer Prozentsatz von missgebildeten Föten erwartet werden kann und eine individuelle Bewertung kaum möglich ist. Mit anderen Worten, es wird beim Auftreten dieser Infektionen etwa im dritten Schwangerschaftsmonat vermutlich ein höherer Anteil nichtgeschädigter Kinder als der Anteil geschädigter Kinder durch solche Eingriffe betroffen. Die pränatale Diagnostik wird jedoch durch die Fortschritte der Gendiagnostik in wesentlichem Umfang erweitert und – wenn man auch nicht übersehen

darf, dass sie sich in bestimmten Fällen segensreich auswirken wird (siehe unten) – wirft schwerwiegende neue Probleme für den betroffenen Patienten, seine Umgebung und die
behandelnden Ärzte auf. Es wird eine wichtige Aufgabe von
Ethik-Kommissionen, behandelnden Ärzten und der Öffentlichkeit bleiben, diese Probleme zu erkennen, das Freiwillig-
keitsprinzip für Untersuchungen beizubehalten, die Vertrau-
lichkeit von Untersuchungsergebnissen zu gewährleisten
und eine begleitende Beratung zu entwickeln. Hier besteht
erkennbarer Regelbedarf.

   Die postnatale Diagnostik erweist sich in besonderer Weise für sog. Dispositions-Analysen als wichtig.
Hier geht es um vererbte Anlagen, später im Leben an bestimmten Krebserkrankungen, an Herz- Kreislauferkrankun-
gen, an allergischen Leiden oder an rheumatischen Krank-
heitsformen zu erkranken. Beim Krebs wissen wir zum Beispiel, dass zum Entstehen der Erkrankung mehrere Gene in
einer Ausgangszelle verändert sein müssen. Liegt im Erbgut
des Menschen eines dieser Gene in veränderter Form vor, so
erkrankt er deswegen nicht notwendigerweise an Krebs. Er
unterliegt aber einem erhöhten Risiko im Vergleich zu Menschen mit dem unveränderten Gen, im Verlauf seines Lebens
zusätzliche Schäden in den jetzt in verminderter Zahl vorliegenden Schutzgenen zu erfahren. Besonders eindrucksvoll
lässt sich dies bei einem Augenkrebs zeigen, der ausschließlich im Kindesalter auftritt, dem *Retinoblastom*. Hier liegt der
Ausfall eines Gens, des Rb-Gens, auf dem kurzen Arm des
Chromosoms 13 vor. Diese Veränderung wird vom Vater oder
von der Mutter vererbt. Wird im Fall der Vererbung durch
den Vater innerhalb der ersten 5 Lebensjahre auch das entsprechenden mütterliche Gen in den Retinazellen des Augen-

hintergrundes geschädigt, so kann es zur Tumorentstehung kommen. Nach dem 5. Lebensjahr sind die Retinazellen ausdifferenziert, sie haben ihre Wachstumsfähigkeit verloren und können damit auch nicht mehr zu bösartigen Tumoren entarten. Für solche Kinder ist das Wissen um die vorliegende Genveränderung von höchster Wichtigkeit: ihre engmaschige Überwachung in Spezialkliniken führt regelmäßig zur Früherkennung der entstehenden Tumoren und zu deren weitgehend gefahrloser Beseitigung ohne Verlust des Auges oder auch nur eines wesentlichen Anteils seiner Sehkraft.

Bei einem Nierenkrebs, dem sogenannten *Wilms-Tumor*, bei der familiären Form des Dickdarm- und des Brustkrebses zeichnen sich ähnliche Entwicklungen ab, wobei genetische Analysen zur Erfassung von Risikopatienten und damit wesentlich zur Früherkennung der entsprechenden Krebsformen beitragen können. Gerade der Dickdarmkrebs ist auch noch aus einem anderen Grunde ein weiteres interessantes Beispiel: hier sind inzwischen mehrere Gene identifiziert worden, deren Verlust das Risiko für diese Erkrankung deutlich erhöht. Es kommt zunächst zur Entwicklung von Darmpolypen, die dann nach langer Verlaufszeit ein hohes Risiko tragen, in bösartige Tumore überzugehen. Eine mit solchen Gendefekten einhergehende Erkrankung ist die *Polyposis coli*, bei der in unterschiedlichen Altersphasen im Dickdarm geradezu Polypenbeete entstehen, die zu Darmblutungen führen und nach Jahren in Dickdarmkrebs übergehen. Die Identifizierung von Risikopatienten, die frühzeitige Diagnose beteiligter Darmabschnitte und deren chirurgische Entfernung sind bei diesem Krankheitsbild von lebensrettender Bedeutung. Eine andere bisher ungelöste Frage bleibt dabei die Ursache für das plötzliche Auftreten dieser vielen Polypenherde in unterschiedlichen Altersphasen und ihre Begrenzung auf bestimmte Darmabschnitte. Es ist durchaus denkbar, dass dies durch bestimmte Infektionen im Kindesalter verursacht wird, ohne dass solche Infektionen bisher identifiziert sind.

Ähnlich wie beim Krebs ist bei einer Reihe von weiteren Erkrankungen erwarten, dass *Dispositionsgene* identifiziert werden, welche die Neigung zu Herz-Kreislauferkrankungen, zu asthmatischen Erkrankungen, rheumatischen Gelenkveränderungen, aber auch zu manischen Depressionen und Schizophrenie und vielen anderen Leiden anzeigen. Da vermutlich keine dieser Erkrankungen auf einer einzelnen Gen-Veränderung beruht und weitere auslösende Ereignisse eine bedeutsame Rolle spielen dürften – wie etwa Fehlernährung und psychische Belastung –, wird die Identifizierung dieses Personenkreises für die Betroffen wichtig sein, um durch Vermeidung zusätzlicher Risikofaktoren den Ausbruch der betreffenden Erkrankung möglichst völlig zu verhindern und sich in regelmäßigen Zeitabständen untersuchen zu lassen. Auf die gleichzeitig erkennbaren vielschichtigen Probleme einer solche *Dispositionsanalyse*, die vermutlich bei einer großen Zahl von Menschen eine erkennbare Beeinträchtigung ihrer Lebensführung mit sich bringt, soll an dieser Stelle nicht eingegangen werden.

Der Bedeutung der pränatalen und postnatalen Diagnose erblich verursachter Erkrankungen oder vorliegender Krankheitsdispositionen steht die Analyse von erworbenen Genschäden, die wir im Verlauf unseres Lebens in unseren Körperzellen erfahren, an Bedeutung nicht nach: dies wird heute besonders durch die Entdeckung der Genschäden bei Krebserkrankungen verdeutlicht. Als *Lane* und *Crawford* in England 1979 zeitgleich mit *Linzer* und *Levine* in den Vereinigten Staaten das p53 Protein beschrieben, das mit dem Produkt eines Krebsgens des Tumorvirus *SV40* reagierte und mit diesem einen Komplex bildet, wussten sie nicht, dass ihnen hiermit eine grundsätzliche Entdeckung für die Krebsforschung gelungen war: sie waren einem Protein auf die Spur gekommen, das – wie sich später herausstellte – eine entscheidende Funktion in der Überwachung der geregelten Zellteilung und der Stabilität des Erbguts hat. Es wurde schon vor einigen Jahren in einer Wissenschafts-Zeitschrift als „Schutzengel des Genoms" bezeichnet. Sein Ausfall bewirkt – auch durch die Bindung an bestimmte Tumorvirusproteine – Instabilität der Chromosomenzahl und einen drastischen Anstieg der Zahl der Genveränderungen. Heute finden wir dieses Gen bei einer großen Zahl von Krebserkrankungen verändert. Aus entsprechenden Veränderungen in Krebsvorstufen lässt sich bereits aufgrund der nunmehr eingetretenen hohen Instabilität dieser Zellen darauf schließen, dass das Risiko für eine maligne Entartung hoch ist. Dies sollte dann zu rascher chirurgischer Intervention führen.

Diese Erkenntnis hat retrospektiv auch eine gewisse historische Komponente, wie sie im Jahre 1994 vom New England *Journal of Medicine* aufgezeigt wurde (*Hruban et al.*): der frühere amerikanische Vizepräsident *Hubert Humphrey* war über Jahre wegen eines seinerzeit als gutartig angesehenen Blasenleidens in Behandlung. Die späte Diagnose eines Blasenkrebses erlaubte dann nicht mehr eine erfolgreiche Behandlung und zwang ihn, von einer weiteren Kandidatur für die Präsidentschaft Abstand zu nehmen, für deren Erfolg ihm zu diesem Zeitpunkt gute Chancen vorausgesagt waren. Das in der frühen Phase der Behandlung aus seiner

Blase entnommene Material ist noch heute, in Paraffinblök-
ken eingebettet, verfügbar und hat die Untersuchung auf Veränderungen des p53 Gens erlaubt. Diese Analysen ließen
retrospektiv schon für das Jahr 1967 – Jahre vor der Krebsdi-
agnose – Veränderungen in diesem Gen aufzeigen und hätten
nach heutiger Kenntnis bereits in der Frühphase zu radika-
lem Eingreifen führen müssen, um damit das Risiko des
späteren Krebsauftretens weitgehend zu beseitigen. Hätte
schon damals eine geeignete Gendiagnostik zur Verfügung
gestanden, wäre vermutlich der Verlauf der amerikanischen
Geschichte beeinflusst worden.

   Gegenwärtig steigt die Kenntnis der Zahl der
Gene deutlich an, deren Veränderungen den Verlauf und die
Behandlung einer Reihe von Erkrankungen deutlich beeinflussen können und die auch das therapeutische Vorgehen
bei Frühveränderungen beeinflussen. Dies gilt insbesondere
für Krebserkrankungen und Erbkrankheiten. Hier zeigt sich
in besonderer Weise die enge Verzahnung von Grundlagen-
forschung und verfügbarer Gendiagnostik: Viele dieser Gene
wurden ursprünglich im Verlauf von Untersuchungen zur
Analyse von Proteinen isoliert, die bei der Bierhefe die Zellteilung regulieren. Es zeigte sich, dass die dafür verantwortlichen Gene im Verlauf der Evolution hochgradig erhalten
geblieben sind und sich auch bei Säugetieren – bis hin zum
Menschen – in verwandter Form isolieren ließen. Ein weiteres in diese Gruppe gehörendes Protein ist das von Kamb
und Mitarbeitern im Jahre 1994 isolierte $p16^{INK4}$ Protein,
das ebenfalls bei einer hohen Zahl von menschlichen Tumor-
erkrankungen (etwa einem Drittel) verändert und in unver-
änderter Form an der Wachstumsregulation beteiligt ist
(*Kamb et al.* 1994). Sein Ausfall scheint in gewissem Umfang

ähnliche Konsequenzen wie das Versagens der p53 Funktion zu haben.

Auch das Fortschreiten des bösartigen Entartung und eine sich abzeichnende Bildung von Tochtergeschwülsten (*Metastasen*) bei Krebskranken werden zunehmend über genetische Analysen bestimmbar, da diese Prozesse häufig mit der Vervielfältigung von bestimmten Genabschnitten oder mit deren erhöhter Aktivität einhergehen. Vor einer Reihe von Jahren wurde ein Gen charakterisiert (*CD 44*), das eine bedeutsame Rolle für die freie Beweglichkeit weißer Blutzellen innerhalb des Kreislaufs spielt. Das gleiche Gen wird in veränderter (verkürzter) Form in metastasierenden Tumorzellen – zum Beispiel des Dickdarms – gefunden und soll in diesen Zellen eine ähnliche Funktion bewirken wie in weißen Blutzellen: es ermöglicht ihnen, im Körper zu wandern. Die Feststellung solcher verkürzter Gene, sogenannter *Spleißvarianten*, im Tumorgewebe erlaubt Rückschlüsse auf die Prognose und kann damit die Wahl der Therapie beeinflussen.

Neben Erbleiden, Krebserkrankungen, Herz-Kreislauferkrankungen, allergischen und Stoffwechselstörungen ist es vor allem die Diagnostik von Infektionen, die aus der Genanalytik Nutzen zieht. Die Bestimmung zahlreicher Erreger, etwa bei Lebererkrankungen (*Hepatitis B*, *Hepatitis C*), bei erworbener Immunschwäche (*AIDS*), bei Tumorvirusinfektionen (*Papillomviren*) und bei Harnwegs-Infektionen, erfolgt heute schon in großem Umfang auf diesem Weg.

Darüber hinaus wird das wachsende Wissen über die Einwirkung von Umweltfaktoren auf unser Erbgut – ein bisher allerdings noch relativ wenig untersuchtes Gebiet – die diagnostischen Möglichkeiten der Genanalyse in

Zukunft vermutlich erheblich ausweiten. Das schon mehrfach erwähnte Pilzgift *Aflatoxin*, das häufig als Verunreinigung in tropischen Gebieten – vor allem in Erdnussprodukten – vorkommt, verursacht vor allem in Leberzellen relativ gezielte Mutationen am p53 Gen. Der Nachweis solcher Mutationen in diesem Gen kann somit auch als Indiz für eine Schädigung durch dieses Pilzgift gelten.

Sicherlich wird sich dieser Sektor der molekularen Diagnostik in Zukunft drastisch erweitern und vermutlich die schon heute bestehenden Probleme der Finanzierbarkeit solcher Untersuchungen noch deutlich verschärfen.

4.7 Gentherapie

Kaum ein anderer Bereich möglicher Anwendung unserer Kenntnisse aus der Sequenzanalyse des Humangenoms findet gegenwärtig soviel Aufmerksamkeit wie deren Auswirkungen auf die Therapie. Unter dem Stichwort „Gentherapie" begeistert sich heute eine große Zahl junger Mediziner und Biologen für die Molekularbiologie, und viele Fachleute sehen hier die Möglichkeit einer wirklich *kausalen* Behandlung. Es verbergen sich gleichzeitig viele Ängste über mögliche Eingriffe in die Keimbahn unter diesem Begriff. Was können wir von diesen Ansätzen erwarten und inwieweit sind hier vielfach geäußerte Befürchtungen der „Menschenzüchtung" gerechtfertigt?

Beschränken wir uns zunächst auf die sogenannte somatische Gentherapie, die Behandlung von Körperzellen. Eine Fülle von unterschiedlichen Ansätzen ist denkbar und befindet sich zum Teil bereits auch schon in der klinischen Erprobung: überall dort, wo lebenswichtige Funktio-

nen ausgefallen sind, sollte die Wiederherstellung dieser
Funktionen durch Einschleusen funktionsfähiger Gene eine
wirksame und ursächliche Therapie darstellen. Besonders
naheliegend sind solche Eingriffe bei angeborenen Gendefekten, die auf einer Gen-Veränderung beruhen und zu schweren Erkrankungen mit oft tödlichem Verlauf führen. Das *Ade-
nosin-Deaminase-Mangelsyndrom* (*ADA-Syndrom*), eine sehr
seltene Erbkrankheit, die mit dem Verlust von natürlichen
Abwehrfunktionen einhergeht, und die schon zuvor erwähnte
cystische Fibrose, die häufiger auftritt und durch die Bildung
von zähem Schleim zum qualvollen Ersticken der betroffenen
Kinder führt, sind zwei besonders bekannte Beispiele. Die
ADA-Krankheit wurde aufgrund von frühen erfolgreichen Behandlungsversuchen auch in der Öffentlichkeit
bekannt, in denen es gelang, das normale Gen über virale
Trägersysteme in die Zellen von zwei Patienten einzubringen
und sie auf diesem Wege über einen längeren Zeitraum be-
schwerdefrei zu halten. Da auch bei der cystischen Fibrose
die auslösende Genstörung bekannt und das entsprechende
Gen charakterisiert ist, laufen hier ebenfalls bereits klinische
Versuche, die betroffenen Kinder von ihrem Leiden zu heilen.
Die wachsende Kenntnis weiterer krankheitsauslösender
Gene bereitet den Weg für eine Reihe von klinischen Behand-
lungsmöglichkeiten auf diesem Sektor vor.

Erste Erfolgsmeldungen über einen langfristig
wirkenden Gentransfer beim ADA-Syndrom wie auch bei der
Gentherapie der zystischen Fibrose liegen inzwischen vor.
Bei beiden Erkrankungen wurden hierdurch andauernde Be-
handlungserfolge erzielt. Wir werden vermutlich noch einige
Jahre zu warten haben, ehe sich bei solchen Ansätzen regelmäßig Erfolge abzeichnen. Dennoch ist die Hoffnung gut

begründet, dass gerade bei der Gentherapie monogener Erkrankungen, bedingt durch den Ausfall nur eines einzigen
Gens, die Chancen für erfolgreiche Behandlungen gut sind.

Besonders intensiv wird nach Möglichkeiten gesucht, Krebserkrankungen auf gentherapeutischem Wege zu
beeinflussen. Die Voraussetzungen sind hier auf den ersten
Blick durchaus günstig: wir lernen zur Zeit, dass bei den
meisten - wenn nicht bei allen - Krebsformen des Menschen
spezifische Genfunktionen ausgefallen sind, deren natürliche
Funktion vielfach in der *Tumorsuppression* gesehen wird. Ihr
Ausfall führt zum Verlust von Wachstumskontrolle und kann
in bösartiges Wachstum der betroffenen Zellen einmünden.
Versuche an Krebszellen in der Zellkultur wie auch in Versuchstieren zeigen, dass das Wiedereinführen solcher funktionsfähiger Gene die Krebszellen in ihrer Vermehrung
hemmt und das Tumorwachstum unterdrückt. So einleuch-
tend solche Konzepte und Versuchsansätze auch klingen mögen, sie sind heute noch weit von einer Anwendung beim Patienten entfernt. Es gilt noch eine Fülle von Schwierigkeiten
zu überwinden: zur erfolgreichen Krebsbehandlung müssten
solche Gene möglichst in alle Krebszellen eingebracht werden, und zwar möglichst selektiv, müssten dort über lange
Zeit aktiv bleiben und sollten die normalen Zellen der Nachbarschaft so wenig wie möglich beeinflussen.

Von diesen Zielen sind wir noch ein gutes Stück
entfernt. Derzeit fehlen noch weitgehend wirksame Trägersysteme, um die richtigen Gene in der nötigen Konzentration
an die richtigen Stellen zu bringen. Auch deren Verbleib und
ihre Aktivität in den entsprechenden Zellen über lange Zeiträume ist noch nicht ausreichend gewährleistet. Mit diesen
Fragen befasst sich gegenwärtig eine große Zahl von Labora-

torien. Gleichzeitig werden mehrere Alternativansätze auf ihre Wirksamkeit untersucht, besonders solche, bei denen Krebszellen in ihren Oberflächeneigenschaften so verändert werden, dass sie vom körpereigenen Abwehrsystem als fremd erkannt werden können. In Krebsgeschwülste eingewanderte Abwehrzellen lassen sich isolieren und durch das Einbringen von Zytokingenen „aktivieren". Nach Unterbinden ihrer Teilungsfähigkeit werden sie dann wieder in den Körper des Krebskranken eingebracht, wo sie gezielt die Krebszellen bekämpfen sollen. Bisherige Ergebnisse sind allerdings noch nicht sonderlich überzeugend. Gleichzeitig wird versucht, nach Bestimmung von veränderten Genen, die in Krebszellen selbst vorliegen, einen kurzen Ausschnitt des veränderten Genabschnittes zur Stimulierung von Abwehrfunktionen zu verwenden, um wiederum die Krebszellen für die Abwehr erkennbar zu machen. Einige Laboratoriumsbefunde auf diesem Gebiet sind ermutigend, eine eingehende klinische Testung steht bisher aber noch aus.

Jede Zelle besitzt ein eigenes „Selbstmordprogramm". Es handelt sich hier um einen Schutzmechanismus, der den Organismus davor bewahrt, dass Zellschädigungen zu bleibenden Veränderungen führen und im Extremfall bösartiges Wachstum bedingen. Auslösung und Mechanismen der zellulären Selbsttötung, die Apoptose, sind in den vergangenen Jahren intensiv untersucht worden. Die Identifizierung von zellulären Signalketten, die diesen Vorgang regulieren, führte dann zu Überlegungen, die Apoptose auch zu therapeutischen Zwecken auszulösen. Es ist ein attraktives Konzept, diesen Vorgang möglichst selektiv auf Tumorzellen zu beschränken. Auch wenn eine Reihe von Chemotherapeutika ihre Wirksamkeit über die Auslösung von Apoptose entfalten, werden auch rasch wachsende Normalzellen, etwa des Knochenmarks, des Darms oder der Haarwurzeln durch solche Behandlungen geschädigt. Obwohl eine bestimmte Apoptose-Auslösung („*TRAIL-Pathway*") bevorzugt in Krebszellen abläuft, hat ihre Aktivierung gleichzeitig zu schweren Leberschäden geführt (*Jo et al.*, 2000). Trotz vielfältiger Hoffnungen fehlt hier zur Zeit noch ein origineller Ansatz, der die Apoptose-Auslösung wirkungsvoll auf Krebszellen beschränkt.

Gerade die Behandlung von Krebserkrankungen bietet noch eine Reihe von weiteren Alternativen, die hier nur beispielhaft skizziert werden können: bei Hirntumoren verspricht das Einbringen eines bestimmten Stoffwechselgens von Viren (*Herpes simplex Virus Thymidin-Kinase*), die dadurch veränderten Krebszellen selektiv für eine gezielte Chemotherapie empfänglich zu machen. Durch ein Gen-Trägersystem, das nur in wachsenden Zellen aktiv wird, lässt sich weitgehend garantieren, dass die schnell wachsenden Tumorzellen, nicht aber die überwiegend teilungsunfähigen normalen Hirnzellen das Virusgen aufnehmen. Analog kann man versuchen, bei Blutkrebserkrankungen aus dem Knochenmark gesunde Stammzellen zu isolieren und sie im Gegensatz zu den Krebszellen durch die Aufnahme von Resistenzgenen gegen die folgende radikale chemotherapeutische Behandlungen widerstandsfähiger auszurüsten. Bei Krebserkrankungen schließlich, bei denen wir die krebsauslösenden Gene kennen, etwa beim Gebärmutterhalskrebs, der durch zwei unregulierte Virusgene (*Papillomvirusgene E6/E7*) ausgelöst wird, laufen bereits Versuche, diese Gene gezielt zu zerstören. Dies gelingt auch schon unter experimentellen Voraussetzungen in der Zellkultur und führt dort zum

Wachstumsstillstand und zum Verlust der tumorerzeugenden Eigenschaften.

Eine weitere interessante neue Anwendungsmöglichkeit molekularbiologischer Erkenntnisse – auch wenn sie nicht unmittelbar zur Gentherapie gehört – zeichnet sich gegenwärtig bei der Behandlung einer spezifischen Blutkrebsform des Menschen, der *chronisch-myeloischen Leukämie*, ab. Diese Erkrankung ist durch die Umlagerung bestimmter Chromosomenteile charakterisiert, welche die Struktur von zwei Genen, als abl und bcl bezeichnet, verändern. Das Ergebnis ist ein neues Fusionsprotein, das offenkundig in entscheidender Weise an der Entstehung der Leukämie beteiligt ist. Inzwischen gelang es, gezielt eine Chemikalie zu entwickeln, die dieses Fusionsprotein in seiner Funktion blockiert. Die bisherigen Behandlungsversuche mit diesem Produkt sind sehr vielversprechend und vermutlich der Beginn einer konzeptionell neuen Krebstherapie – der *„targeted chemotherapy"*. Je detaillierter wir die Molekularbiologie des Krebses verstehen, umso größer werden die Chancen für gezielte Therapieansätze.

Auch wenn gegenwärtig noch kein im strikten Sinne gentherapeutisches Verfahren in die Krebsbehandlung eingeführt ist und vermutlich auch noch ein längerer Zeitraum vor uns liegt, bevor auf diesem Wege bestimmte Krebserkrankungen geheilt werden können, scheint derzeit vorsichtiger Optimismus berechtigt zu sein. Die Entwicklung von Strategien zur kausalen Behandlung einer der bedeutsamsten Erkrankungen unserer Zeit fasziniert nicht nur die beteiligten Wissenschaftler, sondern bewegt auch schon spürbar die Öffentlichkeit.

Gentherapie beschränkt sich gewiss nicht nur auf Erbkrankheiten und Krebs, sondern beginnt in Ansätzen auch schon bei Stoffwechselerkrankungen, Infektionen und Herz-Kreislauferkrankungen Anwendung zu finden. Der Ersatz ausgefallener hormonaler Funktionen durch das Einbringen funktionstüchtiger entsprechender Gene – durchaus nicht notwendigerweise in deren natürliche Produktionsstätten (etwa die Insulinproduktion in Zellen außerhalb der Bauchspeicheldrüse) – gewinnt erkennbar an Bedeutung. Zuckerkrankheit, Schilddrüsenstörungen, Funktionsausfälle der Hirnanhangdrüse und vieler anderer Drüsensysteme können hier einer neuartigen Behandlung zugeführt werden, die dann allerdings noch eingehender klinischer Erprobung bedarf. Vor allem bei schwer verlaufenden Infektionen, wie zum Beispiel bei AIDS-Erkrankungen, bei denen bestimmte für die Infektions-Abwehr notwendige weiße Blutzellen ausfallen, bemüht sich eine Reihe von Laboratorien, Stammzellen der Patienten, aus denen sich die weißen Blutzellen bilden, genetisch so zu verändern, dass sie gegen eine AIDS-Infektion resistent werden. Es wird erhofft, dass die sich hieraus entwickelnden weißen Blutzellen ebenfalls nicht mehr vom Virus befallen werden können. Bei Herz-Kreislaufpatienten laufen Versuche, die Zusammensetzung der Blutproteine gentherapeutisch so zu verändern, dass das Risiko eines schweren Verlaufs und dadurch bedingter Herztod deutlich verringert wird.

4.8 Keimbahntherapie

Die Möglichkeit, Zellen durch das Einbringen von genetischem Material zu verändern, hat rasch Befürchtungen her-

vorgerufen, dass „*gewünschte*" Eigenschaften über Keimbahnexperimente auch beim Menschen eingebracht werden
könnten, gerade in diesem Land mit seiner belasteten Vergangenheit und den Folgen des Rassenwahns eine Horrorvision. Bestärkt wurden diese Befürchtungen noch durch
die überaus erfolgreichen Versuche, spezifische Gene in die
Keimbahn von Versuchs- und Haustieren einzuschleusen
und damit *transgene* Nachkommen zu erzeugen. Anfang des
Jahres 2001 wurde über die Geburt eines gentechnisch veränderten Rhesusaffen berichtet, der als erster Primat ein in die
Keimbahn künstlich eingeführtes Gen besitzt. Es kann kaum
bezweifelt werden, dass im Prinzip solche Möglichkeiten
auch für die Veränderung der menschlichen Keimbahn bestehen, was sicherlich nicht zur Beruhigung der öffentlichen
Meinung beiträgt. Viele Länder – einschließlich Deutschland
– haben die bestehenden Befürchtungen zum Anlass genommen, Keimbahnexperimente beim Menschen generell zu
verbieten und Verletzungen dieses Verbotes unter harte Straf-
androhung zu stellen. Das hat bei uns zu einer gewissen
Tabuisierung der Diskussion über den Sinn der Keimbahntherapie geführt.

In der Tat sind experimentelle Manipulationen
an menschlichen Keimbahnzellen technisch durchaus möglich, auch wenn sie derzeit nicht gefahrlos durchgeführt werden können. Ein in die Keimbahn eingeführtes Gen kann zu-
fällig in fast jeden beliebigen Bereich des Erbguts eingebaut
werden - mit gewisser Bevorzugung erfolgt der Einbau allerdings in andere aktive Gene, deren Funktion dann zerstört
oder mindestens nachteilig beeinflusst wird. Die Konsequenz
kann damit eine unvorhersagbare, schwere Genschädigung
sein, was auch ohne gesetzliche Maßnahmen zu der Schluss-

folgerung führen müsste, dass Keimbahnexperimente beim Menschen gegenwärtig nicht nur unsinnig, sondern auch gefährlich sind.

Rechtfertigen diese Überlegungen aber auch langfristig das Verbot jeglichen Experimentierens mit menschlichen Keimzellen? Auch wenn zur Zeit kein gezielter und vor allem kein sicherer Einbau von Genen in spezifische Bereiche des menschlichen Erbguts möglich ist, müssen wir deswegen voraussetzen, dass sich dies auch langfristig nicht ändert? Wir kennen bereits jetzt bestimmte Viren, die ihre Gene in ganz bestimmte Stellen der Wirtszellchromosomen einbauen, wie zum Beispiel die sogenannten *Adeno-assozi-ierte Viren*. Ist die Annahme nicht naheliegend, dass wir – wenn wir den Mechanismus des gezielten Einbaus besser verstehen – auch exakt Gene in bestimmte Stellen des Erbguts bringen können, die schadlos eine solche Aufnahme vertragen? Bei Mäusen bewirkt das gezielte Ausschalten von Genen, die für die Vorstufen des *Prion-Proteins* bei *Scrapie* der Schafe und beim Rinderwahnsinn (BSE) kodieren, ohne erkennbare weitere Konsequenzen die Resistenz gegen Prion-Erkrankungen (*Buehler et al.*, 1992, 1993). Spätestens zu diesem Zeitpunkt werden wir uns der Frage stellen müssen, ob es nicht nur gerechtfertigt, sondern in hohem Maße auch erstrebenswert sei, etwa bei schweren Erbkrankheiten durch Korrektur des ausgefallenen Gens nicht nur den Patienten zu heilen, sondern mit einem hohen Maß an Wahrscheinlichkeit auch für seine Nachkommenschaft die Anlage für die betreffende Erkrankung beseitigt zu haben. Man kann in analoger Weise bei schweren Infektionserkrankungen argumentieren, die – wie etwa die AIDS-Infektion – regelmäßig einen fatalen Verlauf nehmen. Gelänge es, Resistenzgene zu identifizieren,

die zuverlässig gegen diese Infektion schützen, wäre es dann
eine abwegige Überlegung, zumindest Risikopersonen über
eine „sichere" Keimbahntherapie vor den Folgen der Infektion zu bewahren?

Zur Zeit laufen ebenso vielerorts Bemühungen,
artifizielle Chromosomen herzustellen. Diese sollen ähnlich
den normalen Chromosomen bei jeder Zellteilung gleich-
mäßig auf die Nachkommenschaft weitergegeben werden.
Sie könnten in der Tat als Träger von Genen dienen, die im
natürlichen Chromosomensatz ausgefallen oder defekt sind.

Wie schon eingangs betont, besteht derzeit keine
Möglichkeit einer sicheren Keimbahntherapie und damit
auch kein konkreter Anlass, die bestehenden Verbote in Frage
zu stellen. Sicherlich besteht immer Anlass, über möglichen
Missbrauch nachzudenken und dessen Konsequenzen zumindest derzeit höher zu bewerten als möglicherweise segens-
reiche Auswirkungen. Dennoch wäre es wünschenswert,
wenn sich Wissenschaftler, Öffentlichkeit und vor allem die
Legislative darauf einstellten, dass sich diese Voraussetzungen
durchaus ändern könnten und sich vermutlich auch ändern
werden; wenn wiederum unter der Perspektive der Behandlung von Leiden – nun aber auch über Generationen hinweg
– therapeutische Eingriffe in die Keimbahn nicht nur sicher
und erfolgreich, sondern auch unter dem Begriff der Sozial-
ethik vertretbar, ja sogar ethisch geboten sind. Die Ausgangs-
lage würde sich ändern, wenn zum Beispiel schwere Erbschäden sicher korrigiert oder Resistenzgene gegen weltweite
Seuchen ohne Beeinträchtigung anderer Genfunktionen in
die Keimbahn eingeschleust werden könnten. Beides ist
derzeit nicht möglich.

5 Klonierung von Lebewesen

Die Klonierung des Schafes Dolly durch *Ian Wilmut* und Mitarbeiter in Schottland im Jahre 1997 hat wie kaum ein anderes Ereignis Widerhall in Wissenschaft und Öffentlichkeit gefunden. Die anfängliche Skepsis vor allem unter Wissenschaftlern, dass hier wirklich eine Klonierung, die Entwicklung eines Embryos und die nachfolgende Geburt eines offenkundig gesunden Lämmchens aus dem Zellkern einer Körperzelle gelungen sei, wich bald der Erkenntnis, dass unter bestimmten technischen Voraussetzungen Klonierungen von Säugern möglich sind. Neben Rindern wurden bald auch Schweine und Mäuse kloniert. Offensichtlich war ein wirklicher Durchbruch gelungen: das Dogma schien durchbrochen, dass zumindest bei Säugetieren Nachkommen nur aus befruchteten Keimzellen entstehen können. Bisher war der Befruchtungsakt, das Verschmelzen von Ei und Spermienkopf der Beginn des Lebens. Eine Reihe von Kernen spezifischer Körperzellen ist nun aber ebenfalls in der Lage, nach Einbringen in entkernte Eizellen, komplette Embryonen zu erzeugen. Müssen wir den „*Beginn*" des Lebens neu definieren?

Dabei war zumindest die wissenschaftliche Welt nicht völlig unvorbereitet auf Dolly. Schon 1966 waren im Ansatz ähnliche Experimente bei Fröschen gelungen (*Gordon* und *Ühlinger*) und in den achtziger Jahren wurde berichtet, dass die Übertragung von Zellkernen aus frühen Embryozellen – den Blastocyten – in kernlose Eizellen bei Schafen und Rindern zu gesunden Tieren führen kann (*First* und *Prather*, 1991). Obwohl nicht im strikten Sinne ein Verfahren, das der Molekularbiologie zugerechnet werden kann, sollte die Klonierung von Lebewesen schon wegen ihrer grundsätzlichen Bedeutung für Medizin und Biologie hier eigene Ausführungen verdienen.

Die sich den ersten erfolgreichen Säugetier-Klonierungen anschließende Debatte lässt sich in ihren Kernpunkten wie folgt zusammen fassen:

Klonierungen von Menschen werden zur Zeit weitgehend übereinstimmend als grundsätzlich unethisch angesehen und führten in einer Reihe von Ländern zum raschen Verbot solcher Ansätze. Wie *Mittelstraß* (1999) schreibt *„As a rule, especially in the arguments of theologians and philosophers – cloning humans is taken to be a severe infringement of human dignity, inasmuch as the natural individuality of humans is abrogated".*

Unabhängig von solchen Verboten wird ihnen heute mit Recht eine Gefährdung für den entstehenden Embryo nachgesagt, da somatische Zellen sekundären Veränderungen ausgesetzt sind, denen Keimbahnzellen in der Regel nicht unterliegen. Dies betrifft zum Beispiel die Verkürzung der Chromosomenenden, der Telomeren, die in der Regulierung von Alterungsvorgängen eine Rolle spielen. Auch „epigenetische" Veränderungen, wie die Methylierung bestimmter DNS-Bausteine, fallen unter solche Modifikationen. Schließlich betrifft dies auch den Erwerb von Chromosomenschäden, von denen Zellen der Keimbahn weitgehend verschont bleiben. In der Tat weisen die meisten tierischen Klone auch gewisse Entwicklungsstörungen auf (*Humpherys et al.* 2001).

Die Klonierung von frühen Embryonalzellen ist aber auch intensiv unter dem Blickwinkel diskutiert worden, sie nach einer Anzüchtungsphase zu einer spezifischen Differenzierung zu bringen, um sie gegebenenfalls im erwachsenen Menschen etwa als Nervenzellen (Neuronen), Leberzellen oder Herzmuskelzellen wieder dort implantieren zu können, wo in diesen Organen wichtige Bereiche und Funktionen ausgefallen sind. Da hierfür ein „Verbrauch" von Embryonen eine unerlässliche Voraussetzung ist, hat sich die Diskussion schnell auf die Frage zugespitzt, inwieweit solche Maßnahmen ethisch vertretbar seien.

Als gegen Ende des Jahres 2000 das britische Unterhaus eine Regelung erlaubte, Embryonalzellen innerhalb der ersten zwei Wochen nach erfolgter Befruchtung für experimentelle Ansätze zu verwerten, brach in vielen anderen europäischen Ländern, insbesondere in Deutschland, ein Sturm der Entrüstung los. Die Diskussion entbrannte vor allem um die Frage, ob ein menschliches Individuum bereits unmittelbar nach der Befruchtung entstanden ist, oder ob die „Individualisierung" erst nach weiteren Differenzierungsvorgängen und der Einnistung der Keimblase in die Gebärmutterschleimhaut stattfindet.

Die Klonierungsdiskussion berührt in besonderer Weise Fragen des menschlichen Eigenverständnisses und auch religiöse Bereiche. Hier könnte ein neuer Mensch nach Planung – als eine oder vielfältige Kopien des selben Individuums   entstehen. Obwohl weltweit etwa jährlich 300000 eineiige Zwillinge geboren werden, die sozusagen einem natürlichen Klonierungsexperiment entsprechen, berührt die so heftig geführte Diskussion im wesentlichen einen Punkt: darf der Mensch sich eine oder sogar mehrere Kopien seiner selbst schaffen? In einer Reihe von Darstellungen wird in den

sich abzeichnenden Möglichkeiten als Horrorvision die Reali-
sierung von *Aldous Huxley's* „schöner neuen Welt" gesehen.

Müssen wir diese Befürchtungen ernst nehmen?
Droht wieder einmal die Entwicklung der Naturwissenschaften – wie so oft vermutet wird – für die Gesellschaft unerwünschte Entwicklungen einzuleiten, die langfristig nicht
umkehrbare Folgen mit sich bringen?

Was geschieht im Klonierungsvorgang? Für Klonierungsansätze wird eine unbefruchtete Eizelle entkernt und
ihr der Kern einer Körperzelle eingepflanzt. Eine unbefruchtete Eizelle besitzt den halben Chromosomensatz, also 23
Chromosomen statt der 46 aller anderen Zellarten. Sie kann
für sich nicht neue Individuen entstehen lassen. Wird eine
Eizelle nach erfolgtem Eisprung nicht befruchtet, so stirbt sie
natürlicherweise ab. Dies dürfte das Schicksal von etwa 400
Eizellen im Verlauf der fortpflanzungsfähigen Phase jeder
Frau sein.

Bei der Klonierung wird durch Einpflanzen ei-
nes neuen Kerns in eine Eizelle nicht ein bereits eingeleiteter
Individualisierungsprozess – wie nach erfolgreicher Befruchtung – unterbrochen, sondern das Potenzial einer somatischen Zelle zur Generierung neuer Individuen genutzt. Die
Nachkommenschaft dieser veränderten Zelle ist, soweit es die
genetische Information des Zellkerns betrifft, mit den Zellen
des Spenders weitgehend identisch. Da auch die Mitochondrien, die außerhalb des Zellkerns im Zellplasma liegen, Gene
besitzen, werden diese immer von der Spenderin der Eizelle
beigesteuert. Dies reduziert die „*Identität*" entstehender Klone mit dem Kernspender.

Menschliche Zellen werden in Zellkulturen weltweit in vielfacher Milliardenzahl in biomedizinischen Experi-

menten verwendet. Sie sind für die Forschung von entscheidender Bedeutung, nicht zuletzt auch für die Herstellung und Wirksamkeitsprüfung von Medikamenten und die Sicherheitsüberprüfung von Impfstoffen. Wir *„verbrauchen"* also milliardenfach Zellen mit dem zumindest theoretischen Potenzial, über Klonierungsansätze neue Individuen zu entwickeln. Dies hat nach meiner Kenntnis bisher noch keine ethischen Bedenken ausgelöst, da wir – soweit es *„neues"* Leben betrifft – schon auf Grund unserer abendländisch-christlichen Weltanschauung viel zu sehr auf den Befruchtungsvorgang ausgerichtet sind. Bei operativen Eingriffen, selbst wenn diese aus kosmetischen Gründen durchgeführt werden, geschieht die Vernichtung potenzieller Klonierungs-Stammzellen wohl noch in größerem Umfang. Bisher gab es auch hier keine ernsthaften ethischen Einwände.

Zwei von Klonierungsgegnern vorgetragene Argumente betreffen den *„unerlaubten"* Eingriff in den göttlichen Schöpfungsplan, verbunden mit der Verletzung der Menschenwürde in der Ebenbildlichkeit des Menschen mit Gott – und Szenarien einer gewollten *„Menschenzüchtung"*. Das erste Argument ist religiös-weltanschaulich bedingt und kann rational weder nachvollzogen noch widerlegt werden. Allerdings sind Nieren-, Herz-, Leber- und Lungentransplantationen nicht auch Eingriffe in den göttlichen Schöpfungsplan? Wie steht es mit künstlichen Befruchtungen in dieser Hinsicht, an die wir uns nach anfänglichen Diskussionen offensichtlich ohne weitere Bedenken gewöhnt haben und die nach inzwischen veröffentlichten Zahlen allein in Deutschland zu mehr als 8000 gesunden Kindern geführt haben? Stellen sie ein gesellschaftliches Problem dar? Sollten wir uns nicht vielmehr über diese Kinder freuen?

Angenommen, es würden hier und da einzelne Klonierungen von Menschen legal oder illegal durchgeführt, wären dann vielfältig geäußerte Befürchtungen gezielter *„Menschenzüchtung"* gerechtfertigt? Würden diese eine erkennbare Bedrohung für die Gesellschaft darstellen? Die zuvor erwähnten 300000 eineiigen Zwillinge in unserer Gesellschaft sollten uns hier bereits eine Antwort vermitteln. Natürlich lässt sich auch Missbrauch nicht völlig ausschließen, wenn etwa aus politischen, kriminellen und rassistischen Motiven Klone als Kopien zum Machterhalt, aus kommerziellen Beweggründen oder auch „nur" zur Talentzüchtung entstehen. Aber können wir uns wirklich vorstellen, dass dieses aufwendige Verfahren zu einem gravierenden Problem für die Menschheit wird? Dass die Gesellschaft nicht in der Lage sein würde, sich vor solchem Missbrauch – zumindest in größerem Umfang – durch gesetzliche Maßnahmen zu schützen, falls sie sich davor schützen will?

Wie bereits die Versuche an klonierten Tieren zeigten, sind mit der Klonierung auch eine Reihe von Gesundheitsproblemen der Klone verbunden – neben einer hohen Embryonensterblichkeit, häufig zu hohem Geburtsgewicht auch Atemwegsbeschwerden und Infektionsanfälligkeit. Dies hängt möglicherweise damit zusammen, dass es bisher noch nicht in vollem Umfang gelingt, alle Gene koordiniert zu reaktivieren, die für eine normale Embryonalentwicklung entscheidend sind. In vielen dieser Versuche wurden vorwiegend Keimbahnzellen verwendet. Sie scheinen weniger für Klonierungsansätze geeignet zu sein, als bereits differenziertere Zellen, allerdings verstehen wir die Gründe dafür zur Zeit nicht. Es wird vermutet, dass ein bestimmtes Muster von Sekundärveränderungen im Erbgut (*Methylie-*

rungen) hierfür die Verantwortung trägt. Dies ist gegenwärtig eine klare Indikation, das Klonieren von Menschen nicht zuzulassen. Allerdings ist vorstellbar, dass solche Sekundärveränderungen künftig durch geeignete Vorbehandlung der entsprechenden Zellen weitgehend beseitigt werden können, so dass die entsprechenden Zellen möglicherweise in einen Zustand zurückversetzt würden, der weitgehend den totipotenten frühen Embryonalzellen entspricht.

Es ist hier nicht meine Absicht, dem Klonieren von Menschen das Wort zu reden. Dies ist derzeit nicht sicher durchführbar und wäre als Regelfall auch biologisch wie ökonomisch Unsinn. Eine ehrliche Diskussion hierüber ohne tradierte weltanschauliche Scheuklappen würde unserer Gesellschaft allerdings besser anstehen als ein voreingenommenes kategorisches „*Nein*", dessen Begründung möglicherweise – ähnlich wie bei der künstlichen Befruchtung – schon nach einer Dekade kaum nachvollzogen werden kann.

Persönlich bin ich der Überzeugung, dass die gesellschaftliche Diskussion über diese Fragen wichtig ist und unter keinen Umständen unterbleiben sollte. Ohne an dieser Stelle ethische Argumente zu bemühen, Klonierungsversuche wären bei Menschen derzeit in jedem Fall überaus riskant und gefährlich, technisch sehr aufwändig, und sie werden dies auch wohl in absehbarer Zukunft bleiben; abgesehen davon, dass die natürlichen Alternativen der Reproduktion auch noch viel reizvoller sind.

Wir können gegen das Klonieren aus religiösen, ethischen, sozialen und psychosozialen Gründen sein, bei aufrichtiger Betrachtung allerdings kaum unter der fadenscheinigen, aber vielfach vorgetragenen Begründung einer „*verbrauchenden*" Embryonenforschung. Körperzellen und auch sogenannte *adulte* Stammzellen, die für Klonierungen eingesetzt werden – unabhängig ob vom Tier oder Mensch – sind eben nichts anderes als um eine Generation zurückversetzte, potenzielle Keimzellen, deren genetische Grundlage allerdings mit der des Spenders weitgehend übereinstimmt.

Noch unaufrichtiger wird die vielfach vorgetragene Argumentation bei der Verwertung embryonaler Stammzellen für Forschungs- und Organersatz-Zwecke. Hier wird immer wieder auf die rechtlich zulässige Verwendung von „*adulten*" Stammzellen hingewiesen. Ähnlich wie die Diskussion über die Klonierung entbehrt die zur Zeit intensive Argumentation gegen die Verwendung embryonaler Stammzellen für den Organersatz nicht eines hohen Maßes von Widersprüchlichkeit. Wir tolerieren zur Zeit in Deutschland jährlich deutlich mehr als 130000 Schwangerschaftsabbrüche (z.B. im Jahre 1999 130500, im Jahre 2000 insgesamt 134600). Dies geschieht zu einem guten Teil keineswegs aus medizinischer Indikation und in Schwangerschaftsphasen, in denen der Embryo bereits sehr deutlich als Individuum ausgebildet ist. Wir verbieten aber Experimente mit embryonalen Stammzellen aus sehr viel früheren Stadien, in denen noch nicht einmal Nervenzellen angelegt sind.

Dies ist nur die eine Seite der Medaille. Auf der anderen wird die Verwendung sogenannter „adulter" Stammzellen, also Zellen auch von Erwachsenen, die sich noch in die unterschiedlichsten Richtungen entwickeln können, als ethisch unproblematisch angesehen, ja sogar fast angepriesen. Gibt es wirklich einen grundsätzlichen Unterschied zwischen embryonalen und adulten Stammzellen, wenn man sie unter naturwissenschaftlicher Definition betrachtet? Das Schaf Dolly und nach ihm viele andere tierische Klone wur-

den aus Kernen adulter Zellen zur Entwicklung gebracht.
Unterscheiden sich adulte pluri- oder totipotente Zellen nach
weiteren Teilungen wirklich von embryonalen Stammzellen –
wenn man von der Tatsache absieht, dass sie zumindest derzeit nur mit größerem Aufwand, mit einem höheren Risiko
für Veränderungen und in vergleichsweise deutlich geringerer Zahl zu gewinnen sind? Liegt hier nicht vielmehr nur ein
quantitativer, aber kein qualitativen Unterschied zur Verwendung embryonaler Gewebe vor? Auch aus adulten Zellen,
möglicherweise in Zukunft aus vielen in Kultur gezüchteten
Zellen, werden sich unter geeigneten Voraussetzungen Embryonen entwickeln lassen, wenn auch vermutlich mit wesentlich geringerer Erfolgswahrscheinlichkeit. Eigentlich entsprechen die menschlichen „Normalzellen", die seit Jahrzehnten in wissenschaftlichen Laboratorien der Welt gehalten werden und die für die medizinische Forschung unent-
behrlich waren und sind, jede für sich letztlich einer befruchteten Eizelle – zumindest lassen sich viele von ihnen nach
entsprechender Manipulation in einen analogen Zustand
bringen. Müssten wir dann nicht konsequenterweise auch
Experimente mit diesen Kulturzellen verbieten? Die Absur-
dität dieser Frage ist offensichtlich. Der medizinischen Forschung würde unermesslicher Schaden zugefügt, eine solche
Forderung wäre weder vertretbar noch durchsetzbar, läge
allerdings auf der Linie der gegenwärtigen Stammzellen-Dis-
kussion.

  Es sollte aus dieser Diskussion klar werden,
dass wir hier recht willkürlich ethische Argumente einsetzen,
deren Ursprung in unserer religiösen Tradition liegt. Die Ver-
botsforderungen werden zusätzlich noch dadurch entwertet,
dass es juristisch keine Handhabe gibt, etwa gegen die Ein-

fuhr embryonaler Stammzellen zum Beispiel aus den USA, aus England, Israel, Singapur oder Australien vorzugehen. Wollten wir hier wirklich konsequent handeln, müssten wir folgerichtig jedes Experimentieren mit menschlichen Normalzellen untersagen, was große Bereiche der biomedizinischen Forschung lahm legen würde.

Im Mittelpunkt dieser Diskussion bleibt die Frage *„Wann beginnt das Leben?"* wobei die Antwort aus katholisch-theologischer Sicht *„mit der Befruchtung der Eizelle"* lautet. Nun waren die Theologen – und hier insbesondere die christlichen Theologen – schon seit etwa zwei Jahrtausenden vergleichsweise schlechte Ratgeber in naturwissenschaftlichen Fragen. Über fast ein Jahrtausend haben sie alles daran gesetzt, um die aufblühende Wissenschaft der Antike, des griechisch-römischen Kulturkreises, erfolgreich zu diskreditieren. Im Jahre 1616 – vor annähernd 400 Jahren – gab es den Fall Galilei, dem die Inquisition drohte, wenn er sein korrektes Weltbild nicht widerrief. Es hat etwa vierhundert Jahre gedauert, bevor die katholische Kirche diesen Fehler öffentlich eingestand. Nur etwa einhundertvierzig Jahre währte es, bis sich die kirchlichen Stellungnahmen zur Darwinschen Evolutionstheorie nach zunächst empörtem Aufschrei zur vorsichtigen möglichen Anerkennung wandelten. Das Misstrauen gegenüber der Gentechnologie, mehr noch gegen die Sequenzierung des Humangenoms, ist bis heute nicht geschwunden. Wie kann es da verwundern, wenn von der Kirche schlichte Antworten zu Fragen komplizierter Lebensvorgänge gegeben werden?

Beginnt *das Leben* mit der Befruchtung der Eizelle? Schon die Frage ist falsch gestellt. Es beginnt die Entwicklung zum Individuum mit dem Befruchtungsvorgang.

Leben ist inhärent auch jeder einzelnen Körperzelle wie auch den Keimzellen vor dem Befruchtungsvorgang mitgegeben. Wir erleben es ja gerade in diesen Jahren, dass Zellen in den totipotenten Zustand zurückversetzt werden und als somatische Zellen sich zu neuen – jetzt geklonten – Individuen entwickeln.

Die Klonierung erweist sich außerhalb des Humanbereichs als ein Verfahren, das bei Pflanzen vermutlich schon seit Jahrtausenden über das Aufpfropfen von Zweigen verwendet wird. Sie ist für die tierische Züchtungsforschung bedeutsam, vermittelt der Biologie neue Erkenntnisse und trägt möglicherweise sogar zur Rettung vom Aussterben bedrohter Tierarten bei. Ihr medizinischer Wert ist fraglich, bestenfalls in Ansätzen erkennbar und wird sicherlich noch Sprengstoff für weitere Diskussionen liefern. Zumindest in meiner Überzeugung ist sie kein reales gesellschaftliches Risiko.

6 Können wir Altern, Intelligenz, Gedächtnis und Empfindungen genetisch verändern?

Ein Bericht im Wissenschaftsjournal *„NATURE"* ließ im Jahre 1999 Wissenschaft und Öffentlichkeit aufhorchen: Mäusen war ein Gen in die Keimbahn eingepflanzt worden, das eine verstärkte Produktion des Rezeptors für ein relativ einfaches Moleküls bewirkt, des *N-Methyl-D-Aspartat (NMDA)* (*Tang et al.*, 1999). Der Rezeptor spielt eine wesentliche Rolle in der Kommunikation von Nervenzellen und *„öffnet"* nach seiner Aktivierung durch NMDA Verbindungen zwischen Neuronen, die nach dieser *„Bahnung"* bei ähnlichen Reizen die gleichen Kommunikationsstellen einer unmittelbaren Wiederverwendung zuführt. Hierauf soll ein Teil unseres Gedächtnisses beruhen, das durch die Anregung des Zusammenschaltens spezifischer Neuronen gedankliche Verknüpfungen mit sich bringt. Die Aktivität dieser Reaktion geht beim Menschen nach der Pubertät rasch zurück – ebenso wie unsere Fähigkeit, neue Eindrücke in ebenso nachhaltiger Weise zu verarbeiten wie im Kindesalter.

Die Aufregung über den *NATURE*-Bericht ergab sich aus den Befunden, dass das Transgen bei diesen Tieren ein verbessertes Lernvermögen und das raschere Lösen experimenteller Aufgaben bewirkte – die *„smart mouse"* war *„geschaffen"* worden. Gedankenspiele in diesem Journal – unmittelbar auch von den Tageszeitungen und dem *„TIME*

MAGAZINE" aufgegriffen – über eine mögliche Übertragung solcher experimenteller Ergebnisse auf den Menschen, die künstliche Generierung von „smartem" Nachwuchs, erzeugten die gewünschte Publizität. In fachwissenschaftlichen Stellungnahmen wurden die Resultate überwiegend als „interessant", aber als kaum auf den Menschen übertragbar kommentiert. Intelligenz und Gedächtnis – so wurde vielfach argumentiert – seien so komplexe Vorgänge, reguliert von einer Vielzahl unterschiedlicher Gene, dass kaum erwartet werden dürfe, dass mit der Einführung eines einzelnen Gens oder seines Eiweißproduktes fundamentale Änderungen unseres Auffassungsvermögens zu erwarten seien. Ja, darüber hinaus könnten gefährliche Störungen intrazellulärer Gleichgewichte stattfinden, die einer praktischen Anwendung entgegen stünden.

Wenn nun aber wirklich die Mäuse intelligenter wurden, wenn sich ihr Gedächtnis - wie berichtet - deutlich verbesserte, sollte dann eine solche Spekulation für den Menschen *a priori* unzutreffend sein? Überdies weist das menschliche NMDA-Rezeptormolekül eine hohe Homologie mit dem der Maus auf.

Diese Episode erinnert an frühere Begebenheiten: 1966 verpflanzte *Gurdon* in England den Kern einer Froschdarmzelle in ein entkerntes Froschei und konnte dies zur Embryonalentwicklung bringen – die erste Klonierung aus somatischen Zellen war gelungen (*Gurdon* and *Uehlinger*, 1966). Sechs Jahre später berichteten er und seine Gruppe das gleiche über Versuche mit Kernen aus der Froschhaut; aus einigen der Eier entwickelten sich Kaulquappen. Die Kommentare aus dieser Zeit wiesen eine gewisse Analogie zu den NMDA-transgenen Mäusen auf: Amphibien neigen ohnehin zu merkwürdigen Reaktionen, sie können abgeschnittene Gliedmaßen regenerieren und stehen evolutionsbiologisch gesehen auf einer niedrigen Stufe. Zu dieser Zeit wurde allgemein angenommen, dass bei Säugetieren solche Ansätze kaum gelingen sollten. Trotz eines angeblich erfolgreichen Berichtes 16 Jahre später (*Hoppe* und *Illmensee*, 1982) schien eine Vielzahl negativer Versuche den Skeptikern recht zu geben. Erst 31 Jahre später, 1997, konnte der schon zuvor erwähnte *Wilmut* in Schottland das erste klonierte Schaf „Dolly" einer verblüfften Öffentlichkeit vorstellen. Dolly erzeugte großes Aufsehen und führte zu vielen skeptischen Stellungnahmen aus dem wissenschaftlichen Bereich, wo das Ergebnis zumeist nicht geglaubt wurde. Erst zahllose Wiederholungen – inzwischen neben Schafen auch bei Rindern und Mäusen – haben diese Skeptiker verstummen lassen. Die Erzeugung somatischer Klone wurde jetzt akzeptiert, gleichzeitig lebte die bereits angesprochene heftige Diskussion über das jetzt auch mögliche Klonieren von Menschen auf.

Im Jahre 1998 erschien ein Bericht im Wissenschaftsjournal „*SCIENCE*", der wiederum erhebliches Aufsehen erregte: durch Einpflanzen eines Gens, der sogenannten *Telomerase*, in menschliche Bindegewebszellen gelang es, diese in einen Zustand der „Unsterblichkeit" zu versetzen (*Bodnar et al.*, 1998). Sie begannen, in der Gewebekultur unbegrenzt weiter zu wachsen, während diese Zellen nach längerer Kulturphase sonst einem Alterungsprozess unterliegen und absterben. Die Telomerase ersetzt an unseren Chromosomenenden Strukturen, deren Funktion einer biologischen Uhr entspricht. Bei Abwesenheit der Telomerase reduziert sich deren Länge von Zellteilung zu Zellteilung; nach vielen solcher Verkürzungen stoppt das Zellwachstum, die Zelle altert und stirbt ab. Bleibt dagegen bei Bindegewebszellen die Telomerase aktiv – wie in dem beschriebenen experimentellen Ansatz –, altern die Zellen nicht und vermehren sich inzwischen seit mehr als zwei Jahren munter weiter. Während sonst nur Krebszellen und deren Vorstufen diese experimentelle „Unsterblichkeit" aufweisen, sind Telomerase-aktive Bindegewebszellen weder Krebszellen noch weisen sie Anzeichen dafür auf, dass ihr Zustand Krebsvorstufen gleicht. Ist dies die Verheißung einer ewigen Jugend – die Einführung eines einzigen aktiven Gens und der Alterungsprozess ist unterbrochen?

Leider ist die Situation hier nicht ganz so einfach: schon bei anderen Zellarten, etwa beim Epithel unserer Haut, funktioniert der „Trick" nicht. Das Altern unterschiedlicher Zellarten ist also unterschiedlich geregelt. Ist dies eine doppelte oder sogar mehrfache biologische Sicherung, um den Tod zu garantieren, der ja die Voraussetzung für unsere Evolution ist? Die Antwort ist zur Zeit völlig offen. Die große Mehrzahl der Wissenschaftler ist sich heute sicher, dass der Alterungsprozess genetisch gesteuert ist. Die Lebensspanne der Maus von 2 bis 3 Jahren ist ebenso in deren Genen verankert wie die durchschnittlich über 70-jährige Lebenserwartung des Menschen. Für die meisten Wissenschaftler ist es unvorstellbar, dass hierfür nur ein Gen verantwortlich sein könne. In der Tat lassen sich schon jetzt einige Gene identifizieren, die in den Alterungsprozess hinein wirken. Alterung soll einer komplexen genetischen Steuerung unterliegen, die vermutlich viele Genfamilien betreffe. Aber könnte es etwa einen zentralen Schalter geben, der die Hauptrolle spielt, aber für das Bindegewebe und für Epithelzellen – vielleicht auch für individuelle Organsysteme – unterschiedlich ist?

Lebensverlängerung lässt sich auch mit anderen Verfahren erreichen: am 18. November des Jahres 1999 berichtete eine italienische Gruppe um *Pier Guiseppe Pelicci* aus Mailand in der Zeitschrift *NATURE* über die Erhöhung der Lebensspanne bei Mäusen (*Migliaccio et al.*, 1999). Diese Gruppe hatte bei Mäusen ein bestimmtes Gen ausgeschaltet, das sog. *p66^{shc}*. Das Produkt dieses Gens kann zellulären Selbstmord, die Apoptose, auslösen. Dieser Prozess führt zur Beseitigung geschädigter Zellen, etwa nach Bestrahlung mit ultraviolettem Licht oder nach Bildung von Sauerstoffradikalen, und vermeidet damit mögliche Konsequenzen dieser Schädigung (z.B. Krebs) für den Gesamtorganismus. Die Ausschaltung des *p66^{shc}* Gens verlängerte die Lebensspanne dieser Mäuse um durchschnittlich 30%, offensichtlich bei Erhalt aller wichtigen Lebensfunktionen unter Einschluss der Fortpflanzungsfähigkeit. Wiederum ist es die Veränderung eines einzelnen Gens, die hier die Lebensspanne beeinflusst. Ähnliche Befunde waren schon früher über Zuchtwahlverfahren bei der Taufliege Drosophila und beim Fadenwurm *Caenorhabditis elegans* erhoben worden. Dies hatte 1998 bei der Taufliege zum Auffinden eines Gens geführt, für das sein Entdecker *Seymour Benzer* den Namen *Methuselah* geprägt hatte. Als neue Perspektive im Vergleich zu diesen Beobachtungen war es jedoch in den *Pelicci'schen* Experimenten bei einem Säugetier, der Maus, gelungen, ein Gen zu identifizieren, dessen Funktion offensichtlich zur Regulation der Lebensspanne beiträgt.

Rasch folgte ein weiterer Befund: *Stephan Helfand* und seine Kollegen vom University of Connecticut Health Center in Farmington berichteten ein Jahr später in *SCIENCE* über die Entdeckung eines Gens bei Fruchtfliegen, dessen Veränderung die mittlere Lebenserwartung von Fruchtfliegen sogar verdoppelt (*Rogina et al.*, 2000). Das Protein dieses Gens erhielt den schönen Namen *Indy*, der als Kürzel den treffenden Satz „*I am not dead yet*" wiedergibt. Immer dann, wenn eine Kopie dieses Gens verändert ist, kam es fast zu einer Verdoppelung der Lebenserwartung. Waren beide Kopien verändert, lebten die Fliegen nur etwa 20% länger als ihre Vettern mit intakten Genkopien. Offensichtlich vermindert *Indy* die Effizienz von Stoffwechselvorgängen, was nahe legt, dass der Stoffwechsel selber eine wichtige Rolle im Alterungsprozess spielt.

Die moderne Biologie und Humangenetik haben sich daran gewöhnt, in komplexen Zusammenhängen zu denken. Das verwirrende Zusammenspiel von Nervenzellen bei Denk- und Handlungsprozessen, ineinander greifende Stoffwechselabläufe und die Existenz intrazellulärer Signalketten haben hierfür die Voraussetzungen geliefert. Aber schließt das aus, dass diesen komplexen Regelvorgängen sozusagen ein Hauptschalter vorgeschaltet ist, dessen Aktivität oder Versagen ganze Regelabläufe untergeordnet sind?

Ein schönes Beispiel für diese These liefert uns die Infektion mit Krebsviren. Krebsentstehung ist sicherlich kein einfacher Vorgang, der sich über Jahre und in einer Reihe von Einzelschritten vollzieht. Und dennoch – unterbrechen wir experimentell die Funktion von einem Genkomplex von Papillomavirus-Typen, die den Gebärmutterhalskrebs auslösen, so unterbrechen wir gleichzeitig das krebsauslösende Potential für die betroffene Zelle. Dies geschieht, obwohl die Aufnahme der viralen Gene nicht die einzige Veränderung darstellt, die diese Krebszellen von Normalzellen unterscheiden. Die Viren selber können Veränderungen an zellulären Genen verursachen, die als Ergebnis die Aktivität der Virusgene verstärken. Den gleichen Effekt können auch chemische oder physikalische Faktoren haben, die das Erbgut der virus-tragenden Zelle schädigen. Die dann veränderten Zellgene verlieren ihre natürliche Funktion, die normalerweise darin besteht, uns vor den potenziell krebsauslösenden Folgen der Virusinfektion zu schützen. Ohne Anwesenheit des Viruserbguts wird allerdings die Modifikation der zellulären Gene allein nicht zu Krebswachstum führen.

Wir haben es hier mit regulierten „*Effektorgenen*" zu tun, wobei jede Unterbrechung der Regulationskette diese aktivieren kann. Wie eine solche Regulation funktioniert, ist zwar im Detail keineswegs gut verstanden, dennoch zeichnen sich bestimmte Grundcharakteristika ab. Ausgelöst durch Botenstoffe von Nachbarzellen wird in der infizierten Zelle eine Signalkette angeregt, die einen entscheidenden Ablesefaktor für Virusgene, hier das sogenannte AP-1 Protein, in seiner Zusammensetzung bestimmt (*Soto et al.*). Dieses Protein besteht aus zwei Komponenten, die in der normalen Zelle eine andere Zusammensetzung aufweisen als in der Krebszelle. Die Zusammensetzung wird durch Signale verändert, die über Botenstoffe von anderen Zellen aus der Nachbarschaft ausgelöst werden. Fallen diese Signale aus – was durch Veränderung der beteiligten zellulären Gene geschehen kann – verändert sich die Zusammensetzung des AP-1 Proteins (*Soto et al.*, 1999). Während es zuvor die Aktivität von Papillomvirus-Tumorgenen unterdrückte, vermag es diese jetzt aufgrund seiner veränderten Zusammensetzung zu aktivieren.

Doch nicht genug damit, der durch die Signalketten-Unterbrechung veränderte Faktor beeinflusst darüber

hinaus die Aktivität vieler anderer zellulärer Gene. Ein Teil
davon wird jetzt plötzlich aktiviert, ein anderer unterdrückt.
Mit anderen Worten, die Unterbrechung eines Signalweges
beeinflusst jetzt eine Vielzahl von anderen Genen, das Erscheinungsbild der Veränderungen wird „*polygen*" – obwohl
das maligne Wachstum eindeutig durch die viralen Gene
veranlasst wird.

Eigentlich sind uns seit langem ähnliche Phänomene von Infektionskrankheiten bekannt; als Beispiele können hier die Kinderlähmung (Poliomyelitis) und die Tuberkulose angeführt werden. Die akute Erkrankung an Kinderlähmung geht mit einer Reihe von Symptomen einher, die
eine Reihe von unterschiedlichen Organsystemen betreffen:
die Vermehrung des Virus im Darm erzeugt Symptome im
Verdauungstrakt, seine Ausschwemmung ins Blut bewirkt ein
eher allgemeines Krankheitsgefühl, das vermutlich auf die
Aktivierung körpereigener Botenstoffe zurückgeht, der Befall
bestimmter Bereiche des Zentralnervensystems führt zu den
charakteristischen Lähmungen – bis hin zur Lähmung der
Atmungsmuskulatur. Die Symptome sind also vielfältig, von
der Zerstörung von Darmzellen, über zelleigene Botenstoffe
bis hin zur Zerstörung und Blockade von Nervenzellen und
deren Funktionen. Dennoch, mit einer einzigen Maßnahme –
der Schluckimpfung – können wir uns gegen den Erreger
und damit vor dieser insgesamt sehr komplexen Erkrankung
schützen.

Das Erscheinungsbild der Tuberkulose ist noch
komplexer und steht in Abhängigkeit von den Hauptvermeh-
rungsorten der Erreger im Körper. Der Befall von Lungen,
Darm, Knochen oder Hirnhäuten und die Aussaat über alle
Organsysteme erzeugen sehr unterschiedliche, in ihrer Kon-

sequenz immer bedrohliche Symptome. Das Krankheitsge-
schehen wird dabei von multifaktoriellen Komponenten bestimmt – wie dem Ernährungszustand, dem Ausmaß der Pri-
märinfektion, körperlichem Stress und wohl auch von genetischen Faktoren. Wäre der Erreger unbekannt, würde kaum
die Aussage akzeptiert werden, dass *eine* Art der Behandlung
hier wirksame Abhilfe schaffen kann. Dennoch ist dies zumindest bei Antibiotika-empfindlichen Stämmen der Tuber-
kelbakterien der Fall. Früher war Streptomycin, heute ist
Rifampicin das Mittel der Wahl.

    Sowohl bei der Kinderlähmung als auch bei der
Tuberkulose – wie auch bei einer großen Zahl weiterer infek-
tionsbedingter Erkrankungen – war die Erkennung der Ursache die entscheidende Komponente für die *unifaktorielle*
Prävention oder Therapie eines Krankheitsgeschehens mit
multifaktorieller Symptomatik.

    In analoger Weise lässt sich bereits heute für
eine Krebserkrankung – obwohl Krebs sozusagen als der
Prototyp für eine multifaktorielle Verursachung gilt – durch
Ausschaltung eines Hauptrisikofaktors eine wirksame Vor-
beugung betreiben: ich denke hier an den Leberkrebs, der
vor allem in China, Südostasien und Afrika durch Hepatitis B
Infektionen ausgelöst wird, die während oder kurz nach der
Geburt von der Mutter auf das Neugeborene übertragen wer-
den. Auch hier erweist sich vor allem über konsequente
Schutzimpfaktionen in Taiwan, dass frühzeitige Hepatitis B
Impfung nicht nur vor der Infektion, sondern auch vor dem
Auftreten des Leberkrebses schützt. Hätten wir heute eine
wirksame Chemotherapie gegen Hepatitis B Viren, ließe sich
vermutlich ein analoger Effekt erreichen. Dass eine ähnliche
Entwicklung sich für den Gebärmutterhalskrebs abzeichnet,

der durch Infektionen mit bestimmten Papillomavirus-Typen ausgelöst wird, wurde bereits angedeutet. Auch hier steht der Einsatz von Impfstoffen für die kommenden Jahre in Aussicht, zur Zeit werden klinische Prüfungen durchgeführt.

Diese Beispiele mögen genügen, um uns vor Augen zu führen, dass es keineswegs aussichtslos ist, selbst sehr komplexe Vorgänge durch Einzelmaßnahmen in entscheidender Weise zu beeinflussen. Sind unter dieser Perspektive Eingriffsmöglichkeiten in den Alterungsprozess, in menschliche Empfindungen, eine Aktivierung von Intelligenz und eine Verbesserung der Gedächtnisses denkbar? Die Antwort bedarf vermutlich einer Zweiteilung: zunächst im Hinblick auf die Durchführbarkeit, des weiteren, ob sie auch wünschenswert sind – vielleicht mehr noch, ob sie dem betroffenen Personenkreis wirklich Nutzen bringen und zum Gemeinwohl beitragen.

Wenn wir uns zunächst mit dem Alterungsprozess befassen, so sind heute kaum noch Zweifel angebracht, dass er genetisch gesteuert ist. Wie schon zuvor ausgeführt gelingt es heute, durch geeignete Zuchtauswahl von Mutanten der Fruchtfliege *Drosophila* oder des Fadenwurms *Caenorhabditis* elegans deren durchschnittliche Lebenserwartung deutlich zu verlängern. Intensiv laufen Bemühungen, die genetischen Grundlagen des vorzeitigen Alterns des Menschen – bei der sogenannten *Progerie* – etwa beim *Werner*-Syndrom zu verstehen und die dafür verantwortlichen Gene zu charakterisieren. Hier sind rasche Fortschritte zu erwarten. In Gewebekulturzellen sollten sich in Zukunft die Zellalterungsprozesse von Epithelzellen – auch in verschiedenen Organsystemen – molekularbiologisch definieren lassen.

Es ist kaum möglich, alle Konsequenzen solcher Bemühungen vorauszusagen. Sie werden sicherlich vielfältig sein. Die *„Unsterblichkeit"* von Bindegewebszellen nach Einführung eines aktiven Telomerasegens kann als erstes Indiz dafür gelten, dass Eingriffe in den Alterungsprozess grundsätzlich möglich sind und damit einer verlängerten Lebenserwartung bei hoffentlich verbesserter Lebensqualität im Verlauf des vor uns liegenden Jahrhunderts eine wissenschaftliche Basis gegeben werden könnte. Die Konsequenzen für die Gesellschaft wären enorm und würden vermutlich viele andere Aspekte über die Vertretbarkeit gentechnischer Eingriffe in den Schatten stellen. Eine Gesellschaft mit deutlich veränderten Anteilen in den oberen Altersgruppen wird viele unserer sozialen Strukturen beeinflussen: ich erwähne hier nur unser Rentenversicherungs-System, die Krankenversicherung und Krankenversorgung und den Arbeitsmarkt. Wenn sich die Möglichkeit der Verlängerung der Lebensspanne auftut, wird sie auch genutzt und zumindest zu diesem Zeitpunkt auch als ethisch vertretbar angesehen werden. Für die westliche und den Großteil der übrigen Welt wird ein neuer gesellschaftlicher Konsens hergestellt werden müssen.

Schon gegenwärtig erleben wir ja nur auf der Basis veränderter Lebensbedingungen – einer gesünderen Ernährungsweise, verbesserter Allgemeinhygiene und ärztlicher Versorgung – einen deutlichen Anstieg der mittleren Lebenserwartung für Frauen und Männer und diskutieren in der Sozialpolitik die Folgen für die Gesellschaft. In der Zukunft dürften diese Fragestellungen durch vorstellbare unmittelbare Eingriffe in den Alterungsprozess erheblich an Brisanz gewinnen und möglicherweise eine Verlängerung der durchschnittlichen Lebensarbeitszeit erzwingen.

Eine besonders wichtige Perspektive sollte sich aus der langfristig vermutlich möglichen medikamentösen oder genetischen Beeinflussbarkeit von Intelligenz und Gedächtnis ergeben: unmittelbar erkennbare Bedeutung hätten neue Behandlungswege für degenerative Erkrankungen des Zentralnervensystems, wenn hierdurch zum Beispiel die Entpersonalisierung der Alzheimer'schen Erkrankung in ihren Spätstadien vermieden werden könnte, wenn die verbesserte Lernfähigkeit verbliebener Hirnregionen nach Schlaganfall oder schweren Unfällen eine weitergehende Rehabilitation der betroffenen Patienten ermöglichte. Wie aber sieht es bei gesunden Menschen aus? Ich vermute, fast alle von uns wünschten sich gelegentlich ein besseres Gedächtnis, eine raschere Reaktion in bestimmten Situationen und ein profunderes Überlegen bei notwendigen Entscheidungsprozessen. Die amerikanischen Journale haben sehr rasch von der Erzeugung der „smart mice" auf die Möglichkeit der Schaffung von „smart kids" hingewiesen, diese möglichst noch mit einer spezifischen Begabung für Musik, Malerei, Sport und Wissenschaft. Zur Zeit verhindern gesetzliche Vorgaben – zumindest in einer Reihe von Ländern – eine solche Entwicklung. Aber werden diese im kommenden Jahrhundert Bestand haben – vor allem, wenn sogenannte „sichere" Verfahren zur Geneinschleusung entwickelt sein werden? Ich kenne keine Antwort auf diese Fragen, bin allerdings davon überzeugt, dass sie in den kommenden Jahren mit zunehmender Dringlichkeit gestellt werden.

Dass wir Empfindungen hormonal steuern können, ist seit langem bekannt. Die Erzeugung mütterlicher und zärtlicher Regungen durch das Hormon Oxytocin ist aus Tierversuchen eindeutig belegt. Das Wohlbefinden über die

Produktion körpereigener Endorphine ist Langstreckenläufern und Dauersportlern bestens vertraut. Gene für solche Endorphine werden heute zunehmend charakterisiert; es öffnen sich hiermit alle Wege zu deren Massenproduktion in mikrobiellen Systemen, ihrer medizinischen Anwendung etwa zur Schmerzlinderung, im schlimmsten Fall allerdings auch für eine genetische Manipulation. Der Alptraum wäre die Manipulation von Gruppen, deren Schmerzunempfindlichkeit – möglicherweise gepaart mit hoher Aggressivität – ein beträchtliches Bedrohungspotential darstellen könnte.

Es macht heute wenig Sinn, die Augen vor einer Entwicklung zu verschließen, die vielen von uns unbequem, unbehaglich und darüber hinaus auch bedrohlich vorkommt. Diese Entwicklung ist nicht nur nicht aufzuhalten – sie ist schon gegenwärtig weit vorangeschritten. Zunehmend lassen sich selbst komplexe Zusammenhänge wie Gedanken und Gefühle nicht einem Gen, so aber doch dem Zusammenspiel von verschiedenen Zellen zuordnen, die ihrerseits in ihren Reaktionen genetisch gesteuert sind, aber aufgrund der genetisch vorgegebenen Plastizität auf unterschiedliche Reize auch unterschiedlich reagieren können.

Wolfgang Frühwald, der frühere Präsident der Deutschen Forschungsgemeinschaft, sagt in seinen Ausführungen in der Frankfurter Allgemeinen vom 4. Dezember des Jahres 2000 in einem Leitartikel zum Thema **Wir bestehen buchstäblich aus Sternenstaub:** *„Gentechnik und Biotechnologie" haben „begonnen, einen neuen Menschen zu konstruieren. Sie sehen ihre Tradition nicht in der literarischen, auf das 18. Jahrhundert zurückzuführenden Konstruktion des Individuums, sondern entwerfen, respektlos unbekümmert um eine mehrtausendjährige Geschichte der kulturellen Entstehung von*

Menschenbildern, ihr eigenes, von allen kulturellen und philo-sophisch-theologischen Spekulationen freies Menschenbild im naturwissenschaftlichen Experiment". Hier trifft *Frühwald* den Sachverhalt im Kern, dies ist der eigentliche Grund für den spürbaren Wandel im Weltbild der Gegenwart.

7 Gefahren der Gesamtanalyse des Humangenoms

Bei Vorträgen vor deutschem Publikum beobachtet man oft, dass die Zuhörer wesentlich besser mit dem Gefahrenpotential gentechnischer Ansätze und der Sequenzierung des Humangenoms vertraut sind als mit den positiven Entwicklungen für Medizin und Biologie. Zum Teil werden die letzteren ebenfalls als Gefahren definiert.

Man kann nicht leugnen, dass erkennbare Gefahren in der Möglichkeit des Missbrauchs der vorhandenen und in Zukunft verfügbaren Information liegen. Soweit sie die Definition „gesunder" und „kranker" Gene, die vorgeburtliche Diagnostik und die Keimbahntherapie betreffen, wurden sie bereits in den vorausgegangenen Kapiteln angesprochen. Vor allem die vorgeburtliche Diagnostik wirft eine Fülle von Fragen auf, für die uns eindeutige Antworten fehlen. Wo liegt die Grenze, die bei bestimmten, durchaus mit dem Leben zu vereinbarenden Gendefekten noch zur Empfehlung der Einleitung eines Aborts führen sollte – auch wenn solche Entscheidungen etwa beim Down-Syndrom schon heute häufig anstehen und auch gefällt werden? Die Belastung der Eltern, die letztlich diese Entscheidung fällen müssen – aber auch die der empfehlenden Ärzte – wird zweifellos zunehmen. Der Hinweis auf die Freiwilligkeit der durchzuführenden Untersuchungen und die anschließende Entscheidungsfreiheit für oder gegen den Eingriff wird wenig von dieser Belastung abtragen, da die „Freiwilligkeit" durch den Druck durch Familie und Umfeld, möglicherweise auch durch Versicherungsträger deutlich eingeschränkt wird. Von den Gegnern solcher Eingriffe wird zumeist sehr emotional argumentiert. In einem Leitartikel der Frankfurter Allgemeinen vom 24. März 2001 ("Die Würde des Menschen ist antastbar") schreibt der Journalist Stefan Dietrich: *Niemals kann die Verhinderung von Leid den Einsatz rechtfertigen, den die Menschenbeglücker* (nach seiner Meinung die Wissenschaftler) *dafür verlangen: die Freigabe des im Reagenzglas gezeugten „Zellhaufens" zu Versuchszwecken, die Entscheidung über Leben und Tod nach genetischen Normen, das umstandslose Entsorgen defekter Embryos, demnächst wohl noch das Austragen von Versuchsmenschen durch Leihmütter – kurz: die Aufgabe des Grundsatzes von der Unverfügbarkeit menschlichen Lebens.* In seinen weiteren Ausführungen sieht er bereits das Schreckensbild eines *Rassismus in neuer Gestalt* auftreten. Ist der Preis wirklich so hoch für die von ihm angesprochenen „Zellhaufen" im Vergleich zu den sonst in der späteren Embryonalphase durchgeführten zytogenetischen Untersuchungen, der Belastung für Mutter und Kind mit anschließender Entfernung der Frucht bei nachweisbarem genetischen Schaden? Diese Eingriffe werden zur Zeit relativ widerspruchslos von der Gesellschaft geduldet. Stefan Dietrich ist – wie ein hoher Anteil unserer Bevölkerung auch – von dem christlichen Glaubensgrundsatz ausgegangen, dass das Leben mit der Befruchtung des Eis beginnt. Auch wenn das bisher mit gutem Grund angenommen werden konnte, müssen wir lernen, dass spätestens nach der Klonierung des Schafes Dolly der strikte Inhalt dieser Aussage nicht mehr

zutreffend ist: eigentlich trägt die große Mehrzahl, fast sogar jede unserer noch teilungsfähigen Zellen die Potenz in
sich, unter geeigneten Voraussetzungen zu neuem Leben zu
führen. Sollten deswegen die Wissenschaftler das Arbeiten
mit lebenden Zellen, schon gar mit menschlichen, aufgeben?
Eine solche Forderung käme dem Stop der gesamten biolo-
gisch-medizinischen Forschung nahe. Dennoch zeigen solche
Beiträge, wie schwierig es ist, die komplexen biologischen
Inhalte einer breiten Öffentlichkeit zu vermitteln. Vermutlich
wird es auch langfristig sehr schwierig sein, hier allgemein
gültige Richtlinien zu entwickeln.

    Auch wenn wir bei dem Begriff des *Leidens* –
wie früher ausgeführt – als Richtschnur für die Berechtigung
und Durchführung der Gentherapie bleiben, geraten wir
rasch in Schwierigkeiten: Sollte dann ein Patient mit Alzheimer'scher Erkrankung, der weder subjektiv noch objektiv
leidet und aufgrund ausgefallener Hirnfunktionen auch nicht
mehr leidensfähig ist, etwa von Behandlungsmöglichkeiten
ausgenommen sein? Dem gleichen Dilemma begegnen wir
bei vielen anderen Erkrankungen des Zentralnervensystems.
Hier müssten wir das „Leiden" des familiären Umfeldes mit-
einbeziehen und geraten sogleich in ein gefährliches Fahr-
wasser. Wir müssen uns gerade in diesem Land davor hüten,
Patentrezepte aufzuzeigen, wenn auch die Heilung einer defi-
nierbaren Erkrankung gerade bei den angeführten Beispielen
ein vermutlich allgemein akzeptierbares Ziel darstellt.

    Neben Grenzbereichen, wie sie im vorausgegan-
genen Absatz beispielhaft aufgeführt wurden, spielen in der
öffentlichen Diskussion eher Problemkreise eine Rolle, die im
verwaltungs- oder versicherungstechnischen Bereich liegen,
im Arbeitsschutz oder in der gerichtsmedizinischen Anwen-

dungsmöglichkeit der Genomanalyse. Wird diese bei Einstellungen von ausschlaggebender Bedeutung sein, etwa wenn bestimmte Dispositionsgene identifizierbar werden, die ein hohes Risiko für bestimmte Erkrankungen oder einen langen Arbeitsausfall erwarten lassen? Wird es Gentests am Arbeitsplatz geben, verbunden mit der Furcht, dass die Auslese „resistenter" Menschen nicht nur zur Ausgrenzung weniger resistenter, sondern auch zur skrupellosen Verschiebung der Prioritätensetzung im Arbeitsschutz führt? Analog dazu, werden Kranken- und Lebensversicherungen unter diesen Bedingungen für den betroffenen Personenkreis den nötigen Versicherungsschutz gewähren? Obwohl diese und ähnliche Fragen zweifellos an Bedeutung gewinnen werden, besteht hier generell ein klarer staatlicher Regelungsbedarf, der die sozialen Belange des betroffenen Personenkreises berücksichtigt. Vernünftigerweise wird der Betroffene bei erkannter Krankheitsdisposition die berufliche Ausrichtung so wählen, dass er der geringstmöglichen – bekannten – Gesundheitsgefährdung ausgesetzt ist. In Zeiten hoher Arbeitslosigkeit ist das allerdings eine Empfehlung, die von den Betroffenen als Sarkasmus aufgefasst werden kann.

Sicherlich werden wir nach Abschluss des Genomprojektes „durchsichtiger". Dies kann für uns aber keine neue Entwicklung sein, sie spielte sich schon in erkennbar zunehmendem Umfang vor Beginn der Analyse des Humangenoms ab. Die Durchsichtigkeit wird allerdings um Dimensionen zunehmen.

Die jetzt praktisch abgeschlossene Gesamtsequenzierung unseres Erbmaterials hat zur Erfassung der kompletten Bausteinfolge geführt. Der Versuch einer Wertung der daraus resultierenden Ergebnisse für Medizin und Bio-

logie – hier noch ohne Berücksichtigung sozialer und weltanschaulicher Perspektiven – sollte uns nicht nur zur Unterstützung der Fortsetzung dieses Projektes bewegen, sondern
uns auch helfen, auf der Basis erhaltener und zu erwartender
Erkenntnisse die Planung unserer Zukunft vorzubereiten.

8 Biologische Konsequenzen der Genomanalyse

8.1 Das „Buch des Lebens" und die Evolution

In diesen Jahren schreitet nach der Sequenzierung des Humangenoms die Gesamtanalyse des Erbguts unterschiedlicher Spezies rasch voran. Es ist vorhersehbar, dass in wenigen Jahren eine Fülle von Ergebnissen vorliegt, welche die heute schon bestehenden Möglichkeiten zum Vergleich des Erbguts enorm erweitern wird. Eine Konsequenz ist aber schon jetzt ersichtlich: die Bausteinfolge der Genome ist das Buch des Lebens, auch wenn wir es mit einer reinen Strukturanalyse noch nicht lesen können.

In einem anderen Punkte hilft die Strukturanalyse der Gene bereits direkt weiter: sie erlaubt, genetische Verwandtschaften zu definieren und ermöglicht die Aufstellung von evolutionären Stammbäumen. Gelegentlich führt sie zu überraschenden Erkenntnissen, etwa wenn die schon früher erwähnte nähere Verwandtschaft zwischen Nilpferden und Walen sich durch vergleichende Genomanalysen aufdecken lässt. Die graduellen Abweichungen beim Genvergleich unterschiedlicher Arten erlauben auch eine zeitliche Abschätzung, wann in der Geschichte des Lebens die Aufspaltung in neue Arten erfolgte. Was Darwin seinerzeit aufgrund seiner großartigen Beobachtungsgabe und sicherlich auch

aus grandioser Intuition als Evolutionstheorie zusammengetragen hatte, findet in der vergleichenden Genomanalyse
heute eine eindrucksvolle Bestätigung. Der Stammbaum des
Lebens lässt sich durch den Genomvergleich sozusagen aus
der Retrospektive in beträchtlichem Detail aufschlagen.

Zunehmend Unterstützung erfahren diese Bemühungen durch verfeinerte methodische Ansätze. Sie erlauben es in Einzelfällen, selbst aus Fossilien, die bis zu einhunderttausend Jahre überdauert haben, noch DNS-Bruchstücke
zu gewinnen und diese mit entsprechenden Sequenzen heute
lebender Arten zu vergleichen. Aus vergleichender Anatomie
und aus Genomanalysen wird dabei klar, dass viele der Entwicklungen biologische Sackgassen darstellten, sozusagen
temporäre Zufallsprodukte, die auf die weitere Evolution keinen oder nur wenig Einfluss nahmen. Sie starben meist nach
kurzer Blütezeit aus. Das gilt etwa für die wollhaarigen Wald-
elefanten, die Mammuts, in Europa und Asien, für Säbellöwen
und Höhlenbären, wie auch für zahllose weitere Arten. Die
Evolution nahm immer einen zufälligen Zickzackkurs, der
vor allem durch klimatische Bedingungen, dann durch para-
sitäre Lebensformen und schließlich durch den modernen
Menschen nachhaltig beeinflusst wurde.

Der Erhalt der „Lebenslinie" über mehr als drei
Milliarden Jahre ist über eine Fülle von immer komplexeren
Lebensformen gegangen, wobei die Entwicklung immer
neuerer und aufwändigerer Organisationsformen wiederum
Rückwirkung auf die zum jeweiligen Zeitpunkt vorhandenen
Arten hatte. Vermutlich hat es zu jeder Phase, in der Leben
auf diesem Planeten existierte, in großem Umfang ein Artensterben gegeben; heute wird dies in besonderer Weise über
die Veränderung der Umwelt durch den Menschen bedingt.

Einige Arten sind aber in der Lage, sich gerade an die durch den Menschen verursachten Umweltveränderungen anzupassen und sich besonders gut unter diesen Bedingungen zu vermehren. Besonders eindrucksvolle Beispiele sind derzeit die Haussperlinge, die Stare und als echte Stadtbewohner die verwilderten – ursprünglich domestizierten – Felsentauben. Das Sterben und Überleben von Arten steht in klarer Abhängigkeit von der jeweiligen Spezialisierung auf Umweltfaktoren. Ändern sich diese, setzt ein großes Artensterben ein, wobei sich zumeist neue Arten entwickeln, die sich an diese Umweltveränderungen anpassen können und die entsprechenden Lebensräume auszufüllen beginnen. Nirgendwo ist ein gradliniger Kurs erkennbar, der etwa im „Endstadium" zur Entwicklung der heutigen Menschen führte. Das früher schon diskutierte Aussterben anderer Menschenarten mag hier als Beispiel dienen.

Auch wenn wir selber uns erheben,
Wir sind verwandt mit allem Leben –
Ein Funke nur in seinem Feuer,
Ein kurzes Lebensabenteuer.

8.2 Der Mensch in der Evolution

In der prähominiden Phase trat eine wesentliche Veränderung auf: die deutliche Zunahme des Großhirnvolumens als entscheidende Voraussetzung für komplexe Denkprozesse, für Sprache und die Entwicklung der Kultur. Dazu kam wohl deutlich später der Verlust der Körperbehaarung. Alle uns heute bekannten Primaten – mit der bemerkenswerten Ausnahme aller Menschenrassen – weisen ein dichtes Haarkleid auf. Gelegentliche und sehr sporadisch auftretende menschliche Mutationen führen zu dichter Körperbehaarung und belegen, dass das dafür verantwortliche Gen im Verlauf unserer Evolution erhalten blieb, im Regelfall aber abgeschaltet oder mutiert ist, während es – wie dies das Nachwachsen von Körperhaaren bei Tieren belegt – dort lebenslang aktiv verbleibt. In der Tat hat sich inzwischen auch ein Genbereich beim Menschen finden lassen, der für die Haarentwicklung von Bedeutung ist und nicht „durchgängig" gelesen werden kann, weil er frühzeitig ein Stoppsignal enthält (*Winter et al.*, 2001). Dieses „*Pseudogen*" des Menschen liegt bei allen höheren Primaten als echtes Gen vor und bestimmt dort offensichtlich die Haarstruktur. Aufgrund des Fehlens von weiteren Veränderungen im menschlichen Pseudogen kann man ungefähr berechnen, dass diese Mutation vor etwa 240000 Jahren aufgetreten sein muss, also lange nach der Auftrennung von Neandertaler und *Homo ergaster* von den Stammformen des *Homo sapiens*. Gegenwärtig erlaubt dies nur die Vermutung, dass die Haarstruktur der Urmenschen etwa der höherer Primaten entsprach. Es könnte aber auch bedeuten, dass deren Körperbehaarung sehr deutlich von der der heutigen Menschen abwich und sie einen intensiven Körperhaarwuchs aufwiesen. Möglicherweise ist sogar das Fehlen von Hinweisen für Verpaarungen zwischen Urmenschen und *Homo sapiens* auf den völlig anderen Haarwuchs der ersteren zurückzuführen. Ein affenähnliches Haarkleid dürfte die „Andersartigkeit" vermutlich noch viel nachhaltiger unterstrichen haben als die zweifellos auch vorliegenden Unterschiede in der Skelettstruktur. Leider erlauben die vorliegenden Knochenfunde in dieser Hinsicht keine Hinweise. Es zeichnet sich aber wohl ab, dass der heutige „Nacktmensch" aufgrund einer Mutation erst vor 200 000 bis 300 000 Jahren entstanden sein dürfte.

"Nacktmutanten" treten interessanterweise auch bei Tieren, insbesondere bei Haustieren und Versuchstieren, auf und sind häufig von anderen Entwicklungsdefekten begleitet, etwa von Störungen der Immunabwehr bei Mäusen oder von Zahndefekten bei Hunden. Gerade bei Hunden verbleibt meist eine Schopfbehaarung, wie sie dem Behaarungsmuster beim Menschen in eigentümlicher Weise entspricht.

Es ist nicht ohne weiteres einzusehen, dass der Verlust des Haarkleides beim Menschen selbst in tropischen Bereichen evolutionäre Vorteile mit sich brachte. Die weitgehende Universalität des Haarerhaltes bei Tieren, wenn sie nicht – wie zum Beispiel der afrikanische Nacktmull – extremen Lebensbedingungen angepasst sind, deutet nachhaltig auf die Wichtigkeit des Haarwuchses oder äquivalenter Schutzelemente (Hornschuppen, Hornplatten, spezifische Hautstrukturen) für den Erhalt der Spezies hin. In der Tat war auch der Mensch der Frühgeschichte gezwungen, sich ein „künstliches" Haarkleid aus Tierfellen, später aus Webereiprodukten herzustellen, um sich gegen Temperaturveränderungen zu schützen und um den eigenen Lebensraum auszuweiten, da bei ihm auch dem Haarwuchs entsprechende Schutzelemente fehlen.

Gelegentlich wird argumentiert, dass der Verlust des Haarkleides einen verbesserten Schutz gegen Parasiten verleiht, so etwa gegen Zecken und Läuse. Auch wenn dies für diese Parasiten zutrifft, will mir diese Argumentation wenig einleuchten, zumal im tropischen Afrika sicherlich eine der Hauptgefahren für den Menschen blutsaugende Insekten (Mücken, Tsetsefliegen und andere) mit der damit verbundenen Übertragung von Malaria, Schlafkrankheit und tropischen Geschwüren waren und sind. Diesen gewährt die nackte Haut eher einen verbesserten Zugang zu ihren Ofern.

Solche Überlegungen könnten die Annahme nahe legen, dass der Verlust des Haarwuchses kaum mit dem Überleben unserer Spezies vereinbar gewesen wäre, hätte nicht zuvor eine andere Entwicklung eingesetzt, die diesen gefährlichen Verlust mehr als kompensierte: die Vergrößerung des Großhirns und die daraus erwachsenden Möglichkeiten, neue Überlebensstrategien zu entwickeln. Die Bekleidung wurde zum „Fellersatz", sie wärmte und schützte gleichzeitig.

Dies ist nur eine der vielen Spekulationen, die sich um die frühe Evolution des Menschen ranken. Wenn wir aufgrund der Genomanalyse nicht nur die für die Großhirnentwicklung und für das Haarkleid verantwortlichen Gene kennen, sondern vor allem auch deren Regulation verstehen, werden wir die Wertigkeit solcher Annahmen direkter überprüfen können.

Die vermutlich wichtigste Erkenntnis aus der Genomanalyse, wie schon früher diskutiert, ist die nahe Verwandtschaft eines großen Teils der Gene, angefangen von der Bierhefe, der Taufliege, dem Fadenwurm bis hin zum Menschen. Auch wenn wir heute bei weitem nicht die Funktionen aller dieser Gene verstehen, ist die vorliegende Struktur eine Art Geschichtsbuch des Lebens. Im Verlauf der Evolution haben sich bestimmte – lebenswichtige – Gene gut erhalten, sie sind „konserviert". Dies gilt zum Beispiel für die Proteine, welche die Zellteilung regulieren. Wenn hier wesentliche Veränderungen auftraten, waren sie mit dem Überleben nicht vereinbar und wurden eliminiert. Nicht zwingend überlebensnotwendige Gene dagegen zeigen ein viel höheres Maß an Variabilität und unterliegen im Verlauf der vielen Millionen Jahre währenden Evolution zum Teil erheblichen Veränderungen.

Überraschenderweise ist es nicht die Zahl der Gene, die Eigenschaften etwa wie Intelligenz und Gedächtnis bestimmt. Mit viel höherer Wahrscheinlichkeit spielt die unterschiedliche zeitliche und räumliche Regulation einzelner Genbereiche eine ausschlaggebendere Rolle. Die vorliegenden Befunde des menschlichen Erbgutes deuten darauf hin, dass die Zahl der existierenden Gene des Menschen vermutlich nach unten korrigiert werden muss. Vor gut 10 Jahren war von der Existenz von annähernd 100000 Genen ausgegangen worden, heute scheint die Zahl näher bei 30000 zu liegen, obwohl derzeit genaue Aussagen kaum möglich sind. Die unterschiedliche zeitliche und räumliche Schaltung der Genbereiche des Menschen etwa im Vergleich zu den uns nahestehenden höheren Primaten hat unseren Entwicklungsspielraum wohl entscheidend erweitert. Obwohl bisher nicht eingehend untersucht, werden vermutlich eine Reihe von Wirbeltieren mehr Gene entwickelt haben als der Mensch.

Diese Ergebnisse werfen eine interessante Frage auf: der Genpool der modernen Menschen könnte hochgradig spezialisiert sein – auf kognitives Denken und die Anpassung an selbst geschaffene Umweltbedingungen. Diese Eigenschaften haben ihm die derzeitige Dominanz im Vergleich zu anderen Spezies gesichert. Sie mögen jedoch eine Einschränkung der eigenen Evolutionsmöglichkeiten bedeuten und bei abrupten Änderungen der Lebensbedingungen im Vergleich zu anderen Spezies mit vielschichtigeren Genanlagen von Nachteil sein.

Trotz dieser möglichen Einschränkung steht außer Frage, dass auch wir uns heute mitten in einem evolutionären Prozess befinden. Hier wirkt eine Vielzahl von Faktoren mit. Einer davon dürfte das Auftreten von Seuchen sein. Die Einschleppung der Maserninfektion in die Urbevöl-

kerung von Mittel- und Südamerika oder in die Wohngebiete
der Eskimos hatte verheerende Auswirkungen für diese Bevölkerungsgruppen. Ebenso verheerend waren die Einbrüche
von Pest, Pocken und Typhus in den vergangenen Jahrhunderten in unserem eigenen Lebensbereich. Heute ist es die
AIDS-Infektion, die im mittleren und südlichen Afrika Millionen von Menschen dahinrafft. Wie sich auch bei Malaria-
Infektionen in Afrika demonstrieren lässt, wird unter den
Überlebenden auf genetisch mehr oder weniger resistente
Individuen – zumindest auf solche mit einem höheren Grad
von Widerstandsfähigkeit gegen diese Erreger – selektioniert.
Sie sind genetisch nicht mehr mit der Ausgangsbevölkerung
identisch.

Die Evolution wirkt aber noch auf weitere vielfältige Weisen auf uns ein: durch die Entwicklung wirksamer
Medikamente gegen Infektionen und allergische Erkrankungen begünstigen wir die Anreicherung von Genen in der Bevölkerung, die eine besondere Anfälligkeit – etwa gegenüber
Asthmaanfällen – bewirken. Dies sehen wir aus unserer Sicht
als Segen an, auch wenn gerade durch die moderne Medizin
nicht nur dieser, sondern auch ein weiterer Evolutionsfaktor
in die Gesellschaft eingebracht wird: die Überbevölkerung
der Erde. Vermutlich schon in der Frühzeit des Einwanderns
moderner Menschen nach Europa und Asien haben zunächst
die Begrenztheit der Jagdgründe und der Wettkampf um
Lebensraum zur Ausrottung der Neandertaler und der ostasiatischen Ureinwohner geführt. Wie früher schon ausgeführt,
war dies wohl das erste große Genozid der Geschichte, wobei
hier andere Menschenarten betroffen waren. Nach dem Al-
leinüberleben der Art Homo sapiens wurden fortan Ausrot-
tungsfeldzüge gegen Gruppen und Völker der eigenen Art

geführt, zum Teil dokumentiert in der biblischen Geschichte, durch die Geschichtsschreiber der Antike, durch Eroberungsfeldzüge, die partielle Ausrottung der Ureinwohner Amerikas, Australiens, und Südafrikas bis hin zum Holocaust mit dem Ziel der Vernichtung des Judentums und den ideologischen, religiösen und ethnischen „Säuberungen" im stalinistischen Russland, in Kambodscha, Ruanda Burundi, Nordirland, Bosnien und dem Kosovo. Sie alle beeinflussen unsere Evolution, wenn auch in einer sehr subtilen und oft nur regionalen, für uns weitgehend unmerklichen Weise.

Es sind aber nicht nur kriegerische oder gewalttätige Auseinandersetzungen, die in diesen Prozess hinein spielen: auch Seuchen, regionale Hungersnöte, Trockenperioden, gewaltige Überschwemmungen und heftige Vulkaneruptionen, welche die Atmosphäre beeinflussen, können tiefgreifend in die Evolution des Menschen eingreifen. Hierdurch ausgelöste Völkerwanderungen haben ihrerseits wiederum zu kriegerischen Auseinandersetzungen geführt und die Ausrottung regionaler Volksgruppen begünstigt.

Die gezielte Ausschaltung bestimmter Gesellschaftsschichten – die Ausrottung der führenden Kasten der Mayas in Mittelamerika, in der französischen Revolution des Adels, in der Kirchengeschichte des Mittelalters religiöser „Freigeister" durch die Inquisition, im deutschen Nationalsozialismus eines erheblichen Teils der akademischen Elite, die systematische Tötung von Adel, gehobenem Bürgertum und der intelligenten Oberschicht in der stalinistischen Sowjetunion, sie alle bleiben nicht ohne Auswirkungen – zumindest regional – auf die Evolution der Menschen. Der Einfluss ist kurzfristig in seinen Konsequenzen nicht spürbar, sollte aber langfristig auf die Zufallsrichtung der Evolution einwirken.

Gegenwärtig ist der Mensch ein Spezialzweig der Evolution, besonders begabt durch die Funktionen seines Gehirns, sicherlich weniger angepasst an Lebensräume unterschiedlicher Tierarten. Er besitzt auch nicht das umfangreichste Genom unter den bisher untersuchten Arten: etwa Salamander und Liliengewächse übertreffen ihn hier deutlich. Dies belegt wiederum eindrucksvoll die Plastizität des Lebensstammbaums. Es ist nicht allein die Präsenz bestimmter Gene, die den Verlauf der Evolution bestimmt, sondern offensichtlich – wie schon früher ausgeführt – in noch viel größerem Umfang deren zeitlich und räumlich unterschiedliche Regulation, die uns in entscheidender Weise in unserem Verhalten von unseren nächsten Verwandten im Tierreich, den Menschenaffen, trennt.

Wohin führt der Weg unserer eigenen Evolution? Zur Zeit wird er gewiss von unserer Sozialstruktur und von demokratischen Bewegungen nachdrücklich beeinflusst. Was aber geschieht, wenn schwere Naturkatastrophen, ein tiefgreifender Klimawandel oder aber neuartige Seuchen das Bild der Erde nachhaltig verändern und die Lebensbedingungen für die Menschen extrem eingeschränkt werden? Wir können es nicht voraussagen, weil die Evolution ihren Zufallskurs in Richtungen lenken kann, die unerwartet und unvorhersehbar sind.

Friedrich Nietzsche sah im Menschen ein Zwischenglied, eine Brücke zum „*Übermenschen*". Er hat damit vermutlich als einer der ersten Philosophen den Menschen in der Evolution gesehen. Sein Trugschluss – nicht einmal so entfernt von den ursprünglichen Darwinschen Vorstellungen – war die Annahme, dass das Leben und damit auch der Mensch sich zu immer vollkommeneren Formen entwickeln würden. Nichts sagt uns heute, dass die Menschen in 100000 Jahren – sollte es sie dann noch geben – an Geist, Gestalt und Wohlverhalten den heute lebenden Menschen überlegen wären. Wir brauchen uns nur vorzustellen, dass unsere Art von einer neu auftretenden Seuche dahingerafft würde und nur solche Individuen eine Resistenz aufwiesen und überlebten, die eine bestimmte Chromosomenanomalie – möglicherweise verbunden mit leichten Intelligenzdefekten – aufwiesen. Vermutlich würde unter diesen Prämissen eine andere Aussage viel eher zutreffen: die in 100000 Jahren noch lebenden Menschen dürften der dann vorgegebenen Umwelt viel besser angepasst sein als ihre frühen Vorfahren es unter gleichen Bedingungen wären.

8.3 Frühe Formen kultureller Entwicklungen

Die Genomforschung hat den letzten und unmittelbarsten Anhalt dafür geliefert, dass der heute lebende Mensch _ein_ Glied einer Lebenskette darstellt, die sich keineswegs gradlinig entwickelte. Große Umweltkatastrophen vor etwa 250 und 60 Millionen Jahren hatten das Leben in der Mehrzahl seiner Formen vernichtet und jeweils die Evolution überlebender Spezies in eine neue Richtung gelenkt. Wie zuvor ausgeführt, verlief auch die Entwicklung der heute lebenden Menschen keineswegs gradlinig. Aus einer größeren Zahl von Urmenschenarten hatten sich zwei mit zunächst großem Erfolg verbreitet. Über mehrere hunderttausend Jahre besiedelten die Neandertaler weite Teile Europas und Asiens. Die Ausbreitung der Art _Homo sapiens_ scheint vor etwa 80000 bis 120000 Jahren aus Afrika nach Europa und Asien begonnen zu haben. Über knapp einhunderttausend Jahre koexistierten Neandertaler und unsere Vorfahren in gemeinsamen Lebensräumen. Die Neandertaler besaßen eine eigene Kultur, bestatteten ihre Toten, nutzten Waffen und Werkzeuge und waren mit dem Umgang des Feuers vertraut. Dennoch konnten sie sich nicht gegenüber den späteren Einwanderern behaupten und verschwanden vor etwa 20000 bis 30000 Jahren aus der Geschichte.

Durch ein besonders hohes Maß an Anpassungsfähigkeit, bedingt durch Hirnentwicklung und damit verbundenem technischen Geschick, konnte sich der moderne Mensch weltweit ausbreiten. Er vernichtete potenzielle tierische Feinde, bekämpfte erfolgreich eine Reihe von ihn bedrohenden Erkrankungen und Seuchen und sicherte sich zumindest in einem deutlichen Teil der von ihm bewohnten Welt seine Ernährung und einen im Vergleich zur Tierwelt hohen Lebensstandard.

Ohne ausreichende Kenntnis seiner eigenen Lebensgrundlagen und der seiner Umwelt kam es zu einer rücksichtslosen Ausbeutung der Umwelt und ihrer Ressourcen. Erst im letzten Jahrhundert setzt zumindest in den sogenannten Wohlstandsländern ein erkennbarer Umdenkungsprozess ein – unter der bitteren Erkenntnis, dass die Zerstörung der Umwelt auch die eigenen Lebensgrundlagen in Frage stellt. Dieser Lernprozess ist zur Zeit in vollem Gange, auch wenn er noch nicht weltweit zum Tragen gekommen ist. Die noch tastende, erkennbare Neuorientierung war unseren eigenen Vorfahren noch weitgehend fremd: die Bibelworte „*Wachset und mehret Euch*" und „*Machet Euch die Erde untertan*" geben treffend die Lebensinhalte vergangener Jahrtausende wieder.

Im Prozess des Bewusstwerdens von Person und Gesellschaft, der die frühen Phasen der „Menschwerdung" charakterisierte, standen neben den Problemen des täglichen Lebens die Fragen nach dem *Woher* und *Wohin* im Vordergrund. Der Tod als das abrupte Ende aller Kontakte und Bezüge und die damit verbundene Vergänglichkeit des Fleisches wurden zunehmend weniger akzeptiert. Die Toten wurden bestattet und erhielten eine Wegzehrung für ein fiktives Totenreich. Dieser für uns naive Brauch findet in abgewandelter Form noch heute seine Fortsetzung, etwa wenn wir einem geliebten Verstorbenen ein Gebetbuch mit ins Grab legen oder ihm den Ehering oder andere persönliche Dinge mit in den Sarg geben. Mythen der primitiven Religionen dürften sich um den Tod und über die Annahme einer transzendenten Steuerung von Umweltkatastrophen – Fluten, Dürre, Stürme, Feuerbrunst und Seuchen – entwickelt haben. Sie haben sich dann im Verlauf einer langen Eigen-Evolution zu den unterschiedlichen Hochreligionen weiterentwickelt. Gemeinsam war ihnen zumeist der Gedanke eines spezifischen Schöpfungsaktes des Menschen, eigentlich fast ein zentrales Dogma. Aus dem göttlichen Schöpfungsakt leitet sich für viele der Hochreligionen der Auftrag ab, sich auf Erden zu bewähren, um dann einer ewigen Glückseligkeit in unterschiedlich phantasievoller Ausgestaltung teilhaftig zu werden.

Natürlich war und konnte auch keinem der Religionsgründer bewusst sein, dass es primär eine *„Schöpfung"* des Menschen nicht gab, dass sich der moderne Mensch aus primitiven Stammformen entwickelt hatte – als Konsequenz seiner Anpassung an neue Lebensräume. Diese Stammformen unterschieden sich vermutlich nur sehr wenig von heute lebenden höheren Primaten und waren sicherlich über län-

gere Entwicklungsphasen Baumbewohner. Sie waren gleichzeitig – wie uns heute die Genomforschung lehrt – die
Stammformen von Schimpansen, Zwergschimpansen und
Gorillas, unseren nächsten tierischen Verwandten. Das Bild
des göttlichen Einhauchens der Seele in die ersten Menschen
ist voll allegorischer Schönheit, aber wie so oft bleibt dies
eine Angelegenheit des Glaubens; dem Paläoanthropologen,
der den zufälligen Zickzackkurs des Überlebens menschlicher Arten vor Augen hat, kann sich dieses Bild wohl kaum
erschließen.

Das große Artensterben vor etwa 60 Millionen
Jahren, welches vermutlich das Aussterben der Saurier und
vieler anderer Spezies bedingte und das auf einem Meteoriteneinschlag beruhen dürfte, sollte eine bedeutsame Rolle in
der Entstehung menschlicher Arten gespielt haben. Die Überlebenden, wohl eher ratten-ähnliche Säugetiere, fanden eine
„freie Bahn" für ihre Evolution vor und diversifizierten sich
in die unterschiedlichsten Richtungen.

Möglicherweise waren es glückliche Umstände,
vermutlich aber auch die hohe Anpassungsfähigkeit und die
praktische Intelligenz, die im Verlauf der Evolution das Überleben der Spezies *Homo sapiens*, nicht der Menschenart
Homo neanderthaliensis, ermöglichte. Vielleicht fehlte der
letzteren Menschenart die Aggressivität und Unduldsamkeit
des Homo sapiens, die sich noch heute in brutalen Bürger-
kriegen, „Volksbewegungen" und vor allem in Religions- und
Glaubenskriegen manifestieren. Die Neandertaler konnten
am Ende ihrer Ausrottung nicht entgehen, und die moderne
Genomforschung findet – wie zuvor ausgeführt – derzeit
keine Hinweise auf eine genetische Mischung der beiden
Menschenarten.

Trotz einer eher unwirtlichen Umwelt in der frühen Phase der Menschheitsgeschichte, zahlloser Gefahren durch Raubtiere und Infektionskrankheiten, der Probleme des täglichen Nahrungserwerbs gab es kulturelle Entwicklungen, die uns in prachtvoller Schönheit in den Höhlenmalereien in Südfrankreich und Spanien überliefert sind. Wir wissen nicht, ob diese Abbildungen einem *„Zweck"* dienten; jedenfalls zeugen sie von einem hohen Stand der Handfertigkeit der damaligen Künstler und belegen ihre ausgezeichnete Beobachtungsgabe. Wohl zeitgleich – sicherlich auch in prähistorischer Phase – muss es zur Entwicklung von Musikinstrumenten gekommen sein; darauf deuten frühe Funde von Knochenflöten hin. Ein wesentliches Element in der Entwicklung früher Kulturen muss die Sprache gespielt haben, deren früher Ursprung uns verborgen bleibt. Sie war das entscheidende Medium zur Übermittlung von Erfahrungen wie auch von ersten Ansätzen zur Erklärung von Umgebung und erfahrbarer Welt.

Auch wenn wir in vielen Details unserer eigenen Entwicklungsgeschichte unwissend sind und gegenwärtig nur grobe Zusammenhänge erfassen können, wird derzeit der mystische Schleier unsanft weggerissen, den sich die Menschheit weltweit über ihre Entstehung in einer langen Tradition in unterschiedlichen Formen gewoben hat. Fast alle Weltanschauungen stehen vor dem Dilemma, die mechanistische Erklarung der Lebensvorgänge – selbst emotionaler Regungen und Gefühle –, eine Evolution aus primitiven Urformen, die einen immer wieder aufzeigbaren Zickzackkurs nahm, und heute auch die Entstehung von Individuen aus Körperzellen mit ihrem Weltbild in Einklang zu bringen. *Weltanschauliche Orientierungen* sind derzeit einem unerhörten Wandel unterworfen. Dieser kommt darin zum Ausdruck, dass sich praktisch alle zur Zeit existierenden religiösen „Weltanschauungen" sensu strictu nicht mehr aufrecht erhalten lassen. Neben einem weit verbreiteten Unbehagen wird ein vorsichtiges Tasten allenthalben spürbar, wie heutige wissenschaftliche Entwicklungen in religiöse Überzeugungen eingebracht werden können, ohne dass diese ihre Grundsubstanz verlieren.

9 Gene und Verhalten

Das Beispiel eineiiger Zwillinge belegt eindrucksvoll, wie weitgehend unsere Gestalt von unseren Genen abhängt – offenkundig aber auch, wie bestimmte Verhaltensmuster von ihnen beeinflusst werden: die Art zu sprechen, der Gang, das emotionale Verhalten gleichen sich hier oft in geradezu verblüffender Weise.

Die Steuerung solcher Verhaltensmuster erfolgt durch das Zentralnervensystem, durch Wechselwirkungen der Nervenzellen unseres Großhirns, des Stammhirns und des Kleinhirns, wobei Signale über die Nervenbahnen als elektrische Reize unsere Bewegungen, Reaktionen und Gegenreaktionen regeln.

Das Großhirn des Menschen hat sich im Verlauf der Evolution zu einer Schaltzentrale besonderer Art entwickelt, die vermutlich an Komplexität unübertroffen ist und zahlreiche parallele Leistungen erbringen kann. Durch das Nebeneinander- und Hintereinanderschalten von Nervenzellen wird hier eine erhebliche Leistungssteigerung im Vergleich zu Einzelzellen oder weniger komplexen Nervenverbänden erbracht, welche die Lösung komplexer Aufgaben und das *bewusste* Verarbeiten von Reizen aus der Umwelt erlaubt.

Wir finden bemerkenswerte Vorstufen dieser Entwicklung auch im Tierreich in sehr unterschiedlicher Ausprägung, etwa wenn eine Gruppe von Blattschneiderameisen in einer erstaunlichen Arbeitsteilung Blätter in bestimmten Positionen zusammenhält, während andere Tiere der Gruppe sie an ihren Kanten zusammenweben. Weitere kolonienbildende Insekten weisen Kooperationen auf, die diese zumindest auf den ersten Blick als „überlegte" Prozesse erscheinen lassen: hier sei nur an den „Honigtanz" der Bienen erinnert, der anderen Mitgliedern des Bienenvolks die Lokalisation von Blütenständen anzeigt, an den Wiederaufbau partiell zerstörter Wespennester oder an die Rettung der Ameisenbrut, wenn gut belüftete Brutkammern an der Erdoberfläche zusammenbrechen.

Wir werten diese Vorgänge als Instinkthandlungen; die Reaktionen werden unter gegebenen Voraussetzungen *zwanghaft* ausgelöst und lassen sich unter experimentellen Bedingungen gut reproduzierbar wiederholen. Die Ursache dieser *zwanghaften* Prozesse ist aber offenkundig die angeborene *Bahnung* von Reizketten - die feststehende Verknüpfung von elektrischen Entladungen, die auf bestimmte Reize hin erfolgen – bis hin zu den Erfolgsorganen und das daraus resultierende Verhaltensmuster. Auf diese Art von Bahnung wurde im Verlauf der Evolution selektioniert; sie erwies sich für die betreffende Art als vorteilhaft und nutzt die verfügbaren Reizbearbeitungs-Systeme (Nervenzellen) in offensichtlich optimaler Weise.

Mit zunehmender Entwicklung des Zentralnervensystems bei den Wirbeltieren wird die Selektion auf vorteilhafte Verhaltensbahnungen komplexer: man denke nur an die Wanderungen der Aale zu ihren extrem entfernten Laichplätzen im Saragossameer oder der Lachse aus dem Meer in die oberen Flussläufe. Auch die Vogelwanderungen sollen hier Erwähnung finden, etwa beim jungen Kuckuck, der ohne jede Anleitung durch Altvögel zu feststehenden Jahreszeiten Wanderungen über zwei Kontinente unternimmt. Die Rituale beim Balzverhalten von Vögeln und Tieren sollten hier ebenfalls genannt werden, welche die Wahl der Sexualpartner bestimmen. Brutpflege, Nahrungssuche und Revierverhalten sind durch angeborene Muster bestimmt, die einer gleichlaufenden Reizverarbeitung entsprechen, deren Bahn über endlose Generationsfolgen sich als vorteilhaft erwies und durch Selektion fortgeschrieben wurde.

Mit der Vergrößerung des Zentralnervensystems im Verlauf der Evolution erhöhte sich dessen Reizverarbeitungs-Kapazität. Als neue Komponente entstand die Möglichkeit später Bahnungsprozesse, wobei die Reaktionsart auf bestimmte Reize nach der Geburt erlernt werden konnte, mit anderen Worten, das Verhalten konnte nun durch „Erfahrungen" *geprägt* werden.

Solche Prägungen lassen sich schon bei wirbellosen Tieren – etwa bei den Würmern – in Ansätzen erkennen; Mäuse und Ratten zeigen ein klares Lernverhalten. Berühmt wurde auf diesem Sektor der Pavlow'sche Hundeversuch, bei dem durch einen Glockenton die Sekretion von Magensaft ausgelöst werden konnte, da der Hund diesen Ton mit der bevorstehenden Fütterung verknüpfte.

Die Ursache für diese Entwicklung liegt in der zunehmenden Plastizität des Zentralnervensystems, die in steigendem Umfang Alternativen für die Reizleitung anbietet, neue Rezeptoren für den Reizempfang entwickelt – wie für das Sehen, Hören, Riechen, Schmecken und Fühlen –, die ihre Signale über parallel vernetzte Wege weitergeben und die Verknüpfung etwa eines Geräuscheffektes sogar mit dem

vegetativen Nervensystem erlauben – wie es die Magensaftse-
kretion im Pavlow'schen Versuchsansatz eindrucksvoll belegt.
Kommt es aber über spezifische Leitungen zu vorteilhaften
Erfahrungen, so werden diese bei entsprechenden Reizen eindeutig bevorzugt – ein *Lernprozess* hat stattgefunden, der das
Verhalten erfahrungsbedingt prägt. Dieses wiederholte Reak-
tionsmuster auf frühere Erfahrungen ist die Grundlage des
Gedächtnisses. Der molekulare Mechanismus, der die Reizver-
arbeitungswege bestimmt und damit Verhaltensmuster prägt
und die Speicherung der entsprechenden Information bewirkt, sind zur Zeit noch unklar.

Bei Primaten und in besonderer Weise beim
Menschen erlaubt die Hirnentwicklung besonders komplexe
Schaltvorgänge, eine Fülle von Parallelschaltungen, die nicht
nur ein langfristiges Erfahrungssammeln ermöglichen, sondern auch das Abwägen von Erfahrungsinhalten gegeneinander, vor allem aber das Abrufen solcher Inhalte auch ohne
erkennbare äußere Reize.

Die Bahnung von Instinkthandlungen zum Lebenserhalt tritt gerade beim Menschen in ihrer Bedeutung
gegenüber komplexen Lernvorgängen zurück und unterliegt
hier – mit Ausnahme elementarer Lebensvorgänge – nicht
mehr der evolutionären Selektion. Dementsprechend hat sich
die Kindheit im Vergleich zu allen anderen Tierspezies erheblich verlängert, in der die völlige Abhängigkeit von elterlicher
Betreuung besteht. Mit dieser Entwicklung beginnen die In-
stinkte zu verkümmern, die sich nicht mehr als überlebens-
notwendig erweisen und durch kommunikative Erfahrungen
ersetzt werden können. Hierzu zählen der frühzeitige eigen-
ständige Nahrungserwerb, das Abwehrverhalten bei Bedrohungen, aber auch die „natürliche" Angst etwa vor der See-

fahrt und vor dem Fliegen. Als Konsequenz fällt die Abgrenzung zunehmend schwer, wie weit unsere Reaktionen noch auf angeborenen Reaktionswegen oder auf *erworbenen* Erfahrungen beruhen.

Durch das Sammeln von Erfahrungen und ein ausgeprägtes Erinnerungsvermögen mit dem Verknüpfen unterschiedlicher Erfahrungsinhalte ist eine neue Qualität in die Evolution gekommen, welche die Anpassungsmöglichkeiten des Individuums – und mehr noch der Art – an Umweltveränderungen erheblich erweitert. Sie wurde in entscheidender Weise dadurch gefördert, dass für den Menschen über die Entwicklung der Sprache die Möglichkeit entstand, solche Erfahrungen auch über die Generationskette weiterzugeben. In Ansätzen findet sich dies schon im Tierreich, wo sich über Laute, Gestik, Geruch und Gefühl kommunikative Strukturen zu bilden beginnen.

Informationsinhalte, die über die Sprache von Generation zu Generation weitergegeben werden, besitzen ähnlich wie biologische Informationsinhalte, die nicht mit überlebensnotwendigen Funktionen verknüpft sind, ein hohes Maß an Plastizität und „degenerieren" zunehmend. Hier brauchen wir nur an die mündliche Überlieferung antiker Götter- und Heldengeschichten, an christliche Legenden oder – näher liegend – an die Modifikation und Verformung beliebter Witze über bestimmte Zeitspannen zu denken.

Der Wunsch nach „Konservierung" solcher Erfahrungsinhalte in weniger modifizierbarer Form führte zur Entwicklung der Schrift und von geeigneten Materialien, diese Aufzeichnungen über lange Zeiträume zu erhalten. Bücher sind sozusagen die erweiterte Speicherkapazität unseres Hirns, sie erlauben uns, den Erfahrungsschatz auch unab-

hängig von der familiengebundenen Überlieferung weiterzu-
reichen. Heute wird diese Entwicklung stürmisch ausgeweitet
durch die Entwicklung von Verfahren zur Konservierung
akustischer und visueller Eindrücke, in besonderer Weise
aber auch durch die enorm ansteigende, automatisierte Datenerfassung und -verarbeitung, die zunehmend unser Leben
zu verändern beginnt.

Unter der Perspektive der Evolution gesehen,
führen Entwicklungen wie Sprache und Schrift – heute die
Auswirkungen der modernen Technik – zu zunehmender Unabhängigkeit von Umweltbedingungen und damit zu verbesserter Anpassung auch an ungünstige Lebensbedingungen.
Sie haben bewirkt, dass der Mensch ein *historisches Gedächtnis* entwickelt; vielleicht wichtiger noch – mit diesen Hilfs-
mitteln konnte er sich auch in klimatisch ungünstigen Zonen
ansiedeln und ausbreiten. Sprache und Schrift dürften damit
eine wesentliche Ursache der großen Bevölkerungszahlen auf
der Erde sein. Sie beginnen aber auch einen neuen Entwick-
lungsprozess – wiederum einzigartig in der Evolution – einzuleiten: die Vorausschau auf künftige Jahre vor dem Hintergrund der bisher registrierten Entwicklung, verbunden mit
planerischen Eingriffen zur Konservierung der durch Überbevölkerung bedrohten Lebensräume.

In der Evolution lässt die Entwicklung von Ver-
haltensweisen sich in Abhängigkeit von der Entwicklung von
Reizleitungs- und Verarbeitungsprozessen und damit vom
Nervensystem definieren. Wir sehen, dass vererbte Bahnungs-
prozesse für Instinkthandlungen gegenüber einer späteren
Prägung durch Erfahrungen, deren Verknüpfung mit anderen
Erlebnisinhalten (*Denken*) und der Fähigkeit des Wieder-
abrufs (*Erinnerungsvermögen*) zunehmend zurücktreten.

Darüber hinaus wurden von einer Spezies, dem Menschen, technische Möglichkeiten zur Datenerfassung und -verarbeitung außerhalb des Körpers entwickelt, die sein Erinnerungsvermögen wie auch Verknüpfungsprozesse in geradezu unerhörter Weise vergrößern und seinen Lebensraum in der Umwelt beträchtlich erweitern.

An dieser Stelle ist es reizvoll, unter einem solchen Blickwinkel das Entstehen von Verhaltensmustern zu betrachten, die sich als Ergebnis neuer Kommunikationsverfahren in unserer eigenen Evolution über die letzten Jahrtausende der für uns relativ gut überschaubaren Menschheitsgeschichte entwickelt haben.

Die Vorstellung der Plastizität unseres Erbgutes und der damit zusammenhängenden kontinuierlichen oder – durch Umweltkatastrophen ausgelöst – diskontinuierlichen Evolution des Menschen ist in unserer Gesellschaft heute noch weitgehend fremd. Auch wenn sich nur spät und mühevoll das frühere heliozentrische Weltbild änderte, und wir die Erde als einen Punkt in einem Weltall von unvorstellbarer Ausdehnung zu begreifen beginnen, so verstand und versteht sich der Mensch bis heute noch als *Krone der Schöpfung* und verbindet damit ein auf sich selbst bezogenes und letztlich statisches Weltverständnis. In komplexen Ritualen konservieren wir überlieferte Glaubensinhalte, etwa zur Abwehr von Dämonen, in den Bitten um Fürsprache außerirdischer Kräfte für persönliches Wohlergehen, Gesundheit und langes Leben oder zur Erzeugung von Gemeinschaftsgefühlen bei besonderen Ereignissen – im christlichen Bereich bei Taufen, Einsegnungen, Eheschließungen und Tod. Man kann diese Phänomene als eine Art von *extrazerebraler Prägung* bezeichnen, einer Prägung, die weniger durch das Erfahrungssammeln und -verarbeiten im Großhirn zustande kommt, als durch die kommunikativen Möglichkeiten von Sprache und Schrift und dem – zum Teil aus persönlicher Hilflosigkeit, zum Teil aus Gemeinschaftsgefühl geborenen – Wunsch, Handlungsweisen festzuschreiben, die eine gewisse Verselbständigung gegenüber rationalen Erwägungen – also dem Abwägen verschiedener Erfahrungsinhalte gegeneinander – gewonnen haben.

Unser Wunsch nach statischem Denken drückt sich auch in unserer Gesetzgebung aus, die ein friedliches Miteinander regeln soll, dabei die Erfahrungen des Zusammenlebens festschreibt und Abweichungen von dieser „Norm" mit Strafen belegt. Die Rigidität eines solchen Systems ist allerdings selbst einer gewissen Evolution unterworfen, wenn neue Erfahrungen Modifikationen bestehender Normen erforderlich machen oder – als diskontinuierliche Entwicklung – wenn politische Umwälzungen auch grundsätzlich bestimmte Normen verändern.

Aber auch individuell versteht sich der Mensch als ein *Endpunkt* der Schöpfung. Dies hat eine gewisse biologische Berechtigung: in der Tat ist er als Individuum ein „Endprodukt", eine Art Fruchtkörper an der Kette von Generationenfolgen, die nur Keimbahnzellen langfristig überleben. Sein Bedürfnis, Erreichtes zu bewahren, entspringt dem Selbsterhaltungstrieb und dem Wunsch des Persönlichkeitserhaltes in einer meist bedrohlich erscheinenden Umwelt.

Die heute so lautstark bekundeten Bestrebungen zur Erhaltung des *Lebensraums Erde* vor dem Hintergrund zunehmender Bevölkerungszahlen und definierbar begrenzter Ressourcen für deren Unterhalt reflektieren diesen Gesichtspunkt in globalerer Weise: die Stabilisierung des Erreichten ist zumindest für die westlichen Industrienationen durch den Bevölkerungsdruck gerade auch der Entwicklungsländer in Gefahr geraten. Die Vorhersage katastrophaler Zukunftsentwicklungen gewinnt zunehmend an Realität. Kriegerische Auseinandersetzungen, Hungersnöte durch Naturkatastrophen, das Auftreten von verheerenden Seuchen – wie etwa zur Zeit die AIDS-Infektion – sind wohl nur ein Teil der möglichen Konsequenzen des engen Zusammenrückens der Menschen durch Überbevölkerung.

Geeignete Konzepte mögen sich entwickeln lassen, die solchen eher tristen Zukunftsvisionen entgegenwirken und einen zumindest zeitweilig stabilisierenden Einfluss ausüben – sie werden jedoch ein ungewöhnlich hohes Maß von Plastizität aufweisen müssen, wollen sie mit den evolutionären Veränderungen – auch in der Menschheit – in angemessener Weise Schritt halten.

Vor dem Hintergrund dieser Ausführungen wenden wir uns jetzt der Frage des *freien Willens* zu, der gerade in der Philosophie vielfältig diskutiert wurde (siehe *Mittelstrass*, 1987) und hier sicherlich nicht in vergleichbarer Tiefe behandelt werden kann. Inwieweit ist unser Verhalten, sind unsere Reaktionen genetisch gesteuert, und wo können wir bewusst Entscheidungen treffen, die unter Umständen sogar primären Lebensinteressen entgegenstehen – wie etwa beim Selbstmord? *„Nature or Nurture?"* formuliert es der angelsächsische Sprachraum.

Der freie Wille, die Fähigkeit, bewusst *„Gutes"* von *„Bösem"* zu unterscheiden und eine „freie" Wahl zu treffen, hat in den vorherrschenden Vorstellungen im Wesentlichen einen religiösen Hintergrund. Die Definition dieses Begriffes wäre aus dem Verständnis biologischer Entwick-

lungsvorgänge vermutlich nie erfolgt. Die Gründe hierfür
gehen eigentlich schon aus dem vorausgegangenen Abschnitt
hervor: der Bahnung von Reaktionswegen bei instinktiven
Handlungen liegt ein genetischer Bauplan zugrunde, der in
diesem Fall die feststehende Folge zwischen Reiz und Erfolgs-
organ kontrolliert. Die Möglichkeit zu Lernprozessen und
deren späterer Verknüpfung untereinander ist natürlich in
analoger Weise durch unsere Gene vorbestimmt. Sie bestimmen über die Entwicklung der Großhirnareale die Strukturen, in denen sich neue Prägungen, Erinnerungen und Denkprozesse abspielen können. Ein guter Teil dieser Strukturen
benötigt Außenreize, um ein Funktionsmaximum zu erreichen. Die maximale Aufnahmefähigkeit für solche Außenreize und deren optimale Verarbeitung über Denkprozesse in
ausgewogene Reaktionen wird vermutlich bei weitem nicht
erreicht. Entscheidungen nach Denkprozessen werden durch
Abwägen verschiedener Erfahrungsinhalte „*rational*" gefällt,
häufiger aber noch durch die Beimischung eher chaotischer
Komponenten – durch *Stimmungen* – nachhaltig beeinflusst.
Dabei haben die letzteren ihre Wurzel vielfach in hormonalen
Schwankungen. Hierin liegt bereits eine klare, wenn auch
nicht immer auf den ersten Blick erkennbare Beeinflussung
des „freien" Willensprozesses. Wenn zum Beispiel das Hirnan-
hangsdrüsen-Hormon *Oxytocin* – auch im Tierversuch nach-
weisbar – eine zärtliche und fürsorgliche Stimmung verursacht, *Serotonin* und *Adrenalin* dagegen uns in Verteidigungs-
bereitschaft und sogar Aggressivität versetzen, wird durch
solche Hormone der Verhaltensspielraum für „freie" Entscheidungen deutlich eingeschränkt. Der Extremfall scheint bei
schizophrenen Schüben vorzuliegen, wo die Reizaufnahme
und die Reizverarbeitung eine deutliche Dissoziation von

vorausgegangenen Prägungen aufweisen und dadurch Verknüpfungen entstehen, die Halluzinationen erzeugen, wo-
durch Reaktionen weit außerhalb des Normverhaltens ausgelöst werden. Wie schon früher ausgeführt, wird vermutet,
dass diese Erkrankung durch Veränderungen in der Konzentration von Empfängermolekülen (Rezeptoren) für bestimmte chemische Botenstoffe (*Dopamine*) ausgelöst wird.

Das Fehlen „reiner" rationaler Willensentscheidungen lässt sich auch durch Spiele mit dem Schachcomputer
aufzeigen, der nach optimaler Programmierung bei völligem
Fehlen von Stimmungskomponenten auch gute Schachspieler
regelmäßig zu schlagen vermag.

Unserem Wissen und unserem Willen liegen
biologisch – und damit genetisch – bedingte Strukturen zugrunde, deren unterschiedliche Ausprägung unsere Persönlichkeit formt. Antriebsarmut und Einzelgängerei, Extrover-
tiertheit und Kommunikationsbedürfnis, Übereinstimmungs-
bereitschaft und Aggressivität, hohe Lernbereitschaft und Intelligenz gegenüber Stumpfheit und geringem Lernvermögen
sind Charakteristika, die auf der Basis vorhandener genetischer Strukturen entstehen, dabei aber noch in deutlichem
Umfang durch Erfahrungen geprägt und beeinflusst werden.
Situationen, die nicht aufgrund früherer Erfahrungen ge-
meistert werden können, rufen gelegentlich irrationale und
chaotische Handlungsweisen – oft vermischt mit atavisti-
schen Reaktionen – hervor. Sie werden besonders in Kriegs-
zeiten, in jüngster Zeit nachdrücklich in den Grausamkeiten
des Bürgerkriegs in Ruanda, deutlich.

Sicherlich prägt uns die Umwelt in unserem
Verhalten; laut Studien an eineiigen Zwillingen werden etwa
50 bis 60% unserer Reaktionen sozial beeinflusst. Allerdings

bewegt sich der Anteil dieses Verhaltens im Rahmen der vorgegebenen Umwelterfahrungen und des daraus resultierenden Lernprozesses, wobei unterschiedliche Erfahrungen zusätzlich unterschiedliche Persönlichkeiten prägen, so dass bei
aller Übereinstimmung ein individueller Lebenslauf resul-
tiert. Zweifellos ist der Entscheidungsspielraum im Verlauf
der Evolution und der menschlichen Entwicklung deutlich
größer geworden, dennoch ist der *freie Wille*, wenn er als
bewusste Entscheidung zwischen vorgegeben *„guten"* und
„bösen" Alternativen definiert wird – losgelöst vom persönlichen Erfahrungsbereich – eine Fiktion, die ihre Wurzeln
entscheidend in bestimmten religiösen Überzeugungen hat.

10 Geisteswissenschaften und Genomforschung

Seit Veröffentlichung der Darwin'schen Thesen finden Biologie und in den letzten Jahren und Jahrzehnten die Genomforschung und mit ihr Entwicklungen in den Naturwissenschaften insgesamt und in der Technik vermehrt Aufmerksamkeit in den geisteswissenschaftlichen Fächern. Das äußert sich gegenwärtig in umfangreichen Beiträgen im Feuilleton großer Tageszeitungen, aber auch in häufigen Klagen, dass selbst an den Universitäten – sehr im Gegensatz zu unseren Gymnasien – die Bedeutung der Geisteswissenschaften zugunsten der naturwissenschaftlichen Fächer abnimmt. In besonderer Weise sind hiervon die Theologie – in wohl etwas geringerem Umfang auch Philosophie, Geschichte und pädagogische Fächer betroffen. Ein gewisser Rückgang ist ebenfalls bei den fachspezifischen Professuren zu verzeichnen, wie auch – insbesondere bei der Theologie – eine spürbare Verminderung der Studentenzahlen. Diese Entwicklung wird beklagt, sie wird in der enormen Bewegung, die durch die biologischnaturwissenschaftlichen Fächer und die Informationstechnologie ausgelöst wurde, gesehen. Aber ist das die ganze Wahrheit?

Religionen haben über viele Jahrtausende den Menschen ein Weltbild vermittelt, das unversehens ins Wanken geraten ist. Religiöse Bewegungen, insbesondere die großen Weltreligionen haben den Menschen von der Zeugung über die Geburt bis zum Tod eine klare Bestimmung gegeben, ihnen eine unsterbliche Seele verliehen und ihnen Geburt, Krankheit und Tod als göttliche Prüfungen auferlegt. Das Bestehen dieser Prüfungen verheißt ewige Vollkommenheit, das Versagen führt zu unendlichen Qualen, gegebenenfalls nach Sühnezeiten zu dauerndem Glück. Göttliches Einwirken auf individuelle Lebensvorgänge wird dabei eher regelmäßig vorausgesetzt. Die Zugehörigkeit zu einer religiösen Glaubensgemeinschaft ist nur selten eine persönliche Willensentscheidung: *Der Mensch wird in religiöse Traditionen hineingeboren, die ihm mit autoritativem Anspruch entgegentreten* (*Vittorio Hösle*). Sich daraus zu lösen ist oft nur unter erheblichen persönlichen Konflikten und Auseinandersetzungen mit der unmittelbaren Umgebung möglich.

Die Philosophie auf der anderen Seite ist zumindest seit den Zeiten der griechischen Naturphilosophen (dokumentiert wohl zuerst durch *Thales von Milet*) bemüht, den Ursprung natürlicher Vorgänge zu erfassen. Sie versucht, den Menschen in seiner Stellung in dieser Welt zu verstehen, das Wesen unserer sozialen Strukturen zu begreifen und vor allem unserem Dasein einen Sinn zu geben. Nach der Definition von Hösle *„wird man die Philosophie als die alleine auf die Vernunft gegründete Wissenschaft von den Prinzipien des Seins und Erkennens definieren müssen"*.

In den christlichen Religionen wurde die *„Ebenbildlichkeit"* des Menschen mit Gott postuliert, der Mensch „zur Krone der Schöpfung" erkoren, der nach weiterer Vollkommenheit strebt, sich wachsen und mehren und sich die Erde untertan machen soll.

Sind diese Vorstellungen mit unserer gegenwärtigen Situation vereinbar? Die Überbevölkerung der Erde ist allenthalben evident. Sie hat unsere Umwelt tiefgreifend verändert und droht bereits heute gefährliche Klimaveränderungen hervorzurufen, die zunehmend ein Risiko für uns selber werden. Der Zeitpunkt der Zeugung neuer Menschen ist zumindest in den wohlhabenden Ländern der Erde das Produkt einer zielstrebigen Familienplanung, für die Hormonpräparate eine zuverlässige Basis liefern. Der Tod im Kindbett, noch vor etwas mehr als einem Jahrhundert einer der Gründe für die geringe mittlere Lebenserwartung dieser Zeit, ist drastisch zurückgegangen, die Säuglingssterblichkeit ist heute minimal, die mittlere Lebenserwartung hat im gleichen Zeitrahmen um etwa 3 Jahrzehnte zugenommen. Wir beginnen derzeit, die mechanistischen Grundlagen des Todes und dessen genetische Regulation zu verstehen.

Kann es da verwundern, dass eine zunehmende Zahl von Menschen begreift, das Vieles an unserem über Jahrtausende von Jahren tradiertem Weltbild nicht stimmen kann? Dass die zaghaften Versuche der Religionsgemeinschaften, die naturwissenschaftlichen Erkenntnisse mit Glaubensgrundsätzen in Einklang zu bringen, immer mehr an Glaubwürdigkeit verlieren? Je mehr eine allgemein gültige Ethik beschworen wird (nach Mittelstraß „....ethische Grenzen, die immer dann gezogen werden müssen, wenn sich der wissenschaftliche Fortschritt gegen den Menschen richtet"), je mehr die in der Geschichte immer wieder – auch gerade in religiösen Auseinandersetzungen – missachtete „Menschenwürde" vorgetragen wird, deren exakte Definition so offensichtlich schwer fällt, umso mehr finden auch in Deutschland nüchterne und ernüchternde Vorstellungen aus der Naturwissenschaft neue Anhänger. Hinzu kommt, dass die naturwissenschaftlichen Fächer, insbesondere die Physik, Chemie und Biologie sich zunehmend transdisziplinär orientieren und sich allem Anschein nach auf ein gemeinsames Konzept zur Erfassung der Natur zu bewegen.

Der heutige Mensch ein Zufallsprodukt, dem andere Menschenarten vermutlich zum Opfer fielen – ein labiles Risikogebilde und auch nur eine der Zwischenstufen in einer weit verzweigten Evolution! Ein entschlüsselter Bauplan des Lebens, den wir selber manipulieren können, dem wir unser Erscheinungsbild, aber auch unser Denken und unsere Emotionen zuordnen müssen! Der Mensch in einem Weltall, dessen Größe und Ausdehnung auch heute noch unvorstellbar bleiben. Als vergängliches Sandkorn in einem unermesslichen All – dies alles sind neue Perspektiven, die alle für sich keinen Glaubenssatz widerlegen und die doch – alle für sich – aufzeigen, welches primitive Weltbild wir uns über Generationen zusammengezimmert haben, wie wir dessen „Wahrheitsgehalt" durch Jahrhunderte lange Wiederholungen zu untermauern versucht haben und wie unbequeme „Ketzer" schon in den vergangenen Jahrhunderten zum Schweigen gebracht wurden oder einer gesellschaftlichen Ächtung unterlagen.

Das Zerbrechen geistiger Ketten, die uns im Verlauf unserer eigenen Evolution ins Schlepptau nahmen, führt nicht zu einem Zerfall von Moral und Sitte. Sie wird auch nicht den Begriff der Nächstenliebe in Frage stellen. Die Inhalte dieser Begriffe haben wir über eine lange Evolutionsphase zusammengetragen; sie wurden zum Teil auch von den Religionsgründern als wichtige Voraussetzung erkannt, um unsere Sozialstruktur weiter zu entwickeln oder zu erhalten.

Diese ist wiederum eine entscheidende Vorbedingung für unser eigenes Überleben – insbesondere in einer dicht bevölkerten Welt.

Hösle schreibt in seinem Buch **Die Philosophie und die Wissenschaften.** *„Es ist eine der größten Demütigungen der Philosophie unseres Jahrhunderts, dass es ihr immer schwerer, wenn nicht gar unmöglich geworden ist, die Fortschritte in den Naturwissenschaften auch nur rudimentär zu verstehen".* Etwas später führt er weiter aus: *„In der Tat kann kaum ein ernsthafter Zweifel daran bestehen, dass die Naturwissenschaft heute im allgemeinen Bewusstsein weitaus eher als Trägerin umfassender weltanschaulicher Ansprüche gilt als die Philosophie".* Nach meinem Eindruck widerspricht sich hier Hösle selbst. Wenn die Philosophie nach seinen eigenen Worten *eine auf die Vernunft gegründete Wissenschaft von den Prinzipien des Seins und Erkennens* ist, dann kann man sie nicht von den Naturwissenschaften trennen. Philosophie ist für mich die übergreifende Verknüpfung wissenschaftlicher Erkenntnisse im breitesten Sinne zum Verständnis von uns selbst, unserer Umgebung, unserer Welt und unseres Weltalls. Hösle versucht in der gleichen Publikation zu belegen, dass eine naturalistische Begründung der Ethik unmöglich sei. Wir werden darauf später zurückkommen.

11 Genom und Glaube

Die Bibel vermittelt uns ein sehr anschauliches Bild der
Schöpfungsgeschichte, das sich in modifizierter Form auch
in vielen anderen Religionen – etwa im Gilgamesch-Epos –
wiederfindet: der Ursprung des Menschen als Abschluss der
Schöpfung und der Mensch als ein Abbild des Schöpfers.
Nach einer paradiesischen Phase, in friedvollem Nebeneinander der Geschöpfe, kam der menschliche Sündenfall, der
Bruch des göttlichen Gebotes und mit ihm die Vertreibung
aus dem Paradies, der Zwang zur Eroberung neuen Lebensraumes – verbunden mit Krankheit, Kampf und Tod.

Vermutlich dürfen wir davon ausgehen, dass
die biblische Geschichte – und hier insbesondere die Schöpfungsgeschichte – gewisse verklärte Urerfahrungen der
Menschheit wiedergibt, die sich tief in das Bewusstsein ein-
gegraben haben und über zahllose Generationen weiterver-
mittelt wurden. Wir erwähnten schon, dass alles darauf hin-
deutet, dass der Ursprung der heute lebenden Menschen in
Afrika lag. Wie früher ausgeführt, legen Untersuchungen am
Erbgut unserer Mitochondrien nahe, dass die Ausbreitung
der einzigen heute überlebenden Menschenart wohl erst vor
etwa 200000 Jahren aus Afrika begann und sich über die arabische Halbinsel nach Asien und Europa fortsetzte. Die mit-
ochondriale DNS aller nichtafrikanischen Bevölkerungsgrup-

pen weist eine bemerkenswerte Übereinstimmung auf, während innerhalb Afrikas deutlichere Unterschiede innerhalb menschlicher Populationen gefunden werden.

Afrika mag den Auswandernden in einer paradiesischen Erinnerung geblieben sein: der Reichtum an Tieren, Früchten und Pflanzen erforderte über den Tag hinaus wenig Zukunftsvorsorge. Friedvoll ist es allerdings dort sicherlich nicht gewesen: neben der gewiss nicht ungefährlichen Jagd, den mit der Bevölkerungsdichte steigenden Kämpfen um die besten Reviere, waren es vor allem Seuchen und Parasiten, die nur eine niedrige Lebenserwartung erlaubten und gerade auch unter den Kindern zahllose Opfer forderten.

Die aus Afrika wandernden Trupps stießen auf andere Menschenarten, die schon früher in Asien und Europa neue Lebensräume erobert hatten – wie etwa die Neandertaler. Sie mussten kämpfen, um sich durchzusetzen. Ohne dass wir darüber Zeitdokumente besitzen, dürfen wir doch davon ausgehen, dass die Konkurrenz um den gleichen Lebensraum zu einer rücksichtslosen Ausrottung dieser Menschenarten durch den überlegeneren Homo sapiens führte, die vermutlich vor etwa 30.000 Jahren beendet war. Neben diesen Erfahrungen hatten sie sich der neuen Umgebung anzupassen, sie mussten mit Winterperioden, mit Kälte und Nässe, fertig werden. Kurzum, sie mussten ihr *Leben planen*, um erfolgreich zu überleben.

Die Schöpfungsgeschichte in der Wiedergabe der meisten großen Weltreligionen spiegelt das Bedürfnis des Menschen wider, seinen Ursprung zu verstehen und für das keimende Bewusstsein eine rationale Erklärung für Leben, Heimsuchungen und Tod zu finden. Dabei wurden Gründe für konkrete Erfahrungen wie Naturkatastrophen – Erdbeben, Überschwemmungen, Gewitter und Seuchen – gesucht und diese regelmäßig mit eigenen Verhaltensweisen in Verbindung gebracht. *„Kränkungen"* überirdischer Kräfte durch persönliches Fehlverhalten sollten diese zu Eingriffen in persönliche Geschicke veranlassen. Diese konnte man dann durch Fürbitten und Opfergaben wieder besänftigen. Noch heute wird in vielen christlichen Kirchen mit Weihrauch und Myrrhe Gottes *„Wohlgefallen"* erbeten. Die *„Vergebung der Sünden"* ist mit Bußauflagen verbunden, die jetzt eher einem symbolischen Opfer entsprechen. *„Fastenzeiten"* dienen als Perioden persönlicher Läuterung und innerer Einkehr. Die *„Ebenbildlichkeit"* Gottes wird also nicht nur in den *„inneren Werten"*, der Seele, sondern auch in der menschlichen Verletzlichkeit und Empfindsamkeit gegenüber erfahrenen Kränkungen gesehen. In den Bitten um Gnade spiegelt sich noch zu einem guten Teil das Gedankengut antiker und mittelalterlicher Herrschaftsabhängigkeit wider. Jedenfalls hat sich der Opfergedanke als solcher offenkundig über die Jahrtausende erhalten.

Zunächst nur über mündliche Überlieferungen, später auch durch schriftliche Aufzeichnungen kam es zur Entwicklung von *Riten*, die außerirdischem Eingreifen entgegen wirken sollten, wie wir sie heute noch bei primitiven Gruppen zur Einleitung einer erfolgreichen Jagd, vor kriegerischen Auseinandersetzungen, zum Erbitten von Regen oder zur Erhöhung der Fruchtbarkeit kennen. Bei den Kulturreligionen haben sie sich in Form von rituellen Gebetsbewegungen, in der ständigen Wiederholung von Fürbitten (Litaneien), in Gebetsmühlen bis hin zu rituellen Weihen und Messen erhalten.

Durch das christlich-jüdische Religionsverständnis zieht sich der Grundgedanke eines Schöpfers, der die individuellen Lebensgeschicke leitet, das Gute belohnt, das Böse bestraft und im „*Leben nach dem Tode*" darüber richtet, welcher Platz den „*Seelen*" im außerirdischen Jenseits aufgrund ihrer früheren Lebensführung eingeräumt werden kann.

In historisch besonders beeindruckender Form belegt die Bibel den zeitgeschichtlichen Ablauf des sich hier entwickelnden Religionsverständnisses. Sicherlich müssen ihre Aussagen aus der geschichtlichen Perspektive interpretiert werden, sie belegen aber eindrucksvoll, wie komplex und detailliert bereits in der vorchristlichen Phase Vorstellungen über die Schöpfung, über die Lebensziele und über das „*Weiterleben*" nach dem Tode vorlagen. Offensichtlich haben wir einige der dort wiedergegebenen göttlichen Aufträge bis zu unserem eigenen Überdruss erfüllt: so die Anweisungen des Schöpfers „*Wachset und mehret Euch*" und „*Machet Euch die Erde untertan*". Die planvolle, aber rücksichtslose Ausbeutung der Erde für die menschliche Ernährung, aber auch für Technik und Verkehr, bedroht durch die Zerstörung ökologischer Gleichgewichte zunehmend unsere eigenen Lebensgrundlagen. Diese Erkenntnis beginnt in Teilen der Welt bereits ein gewisses Umdenken einzuleiten und schärft erkennbar unser Umweltbewusstsein.

Die Analyse unseres Erbgutes mit den zuvor diskutierten sich daraus ergebenden Konsequenzen ist gegenwärtig dabei, die wohl tiefgreifendste Änderung des Menschenbildes, seiner Herkunft und seines Weltbildes einzuleiten und – auch wenn dies aus dem Eigenverständnis der Religionsgemeinschaften nachhaltig bestritten wird – beginnt erkennbar religiöse Grundvorstellungen zu beein-

flussen. Nicht nur die Schöpfungsgeschichte, sondern auch
die *Bestimmung* der Menschen und der Menschheit werden
neu – religionsneutral – definiert.

Ein einschneidender Bruch mit der Schöpfungsgeschichte wurde bereits vor mehr als 100 Jahren durch
Charles Darwin eingeleitet. Sein Postulat einer Evolution und
damit einer Veränderbarkeit der Arten und deren Überleben
als Folge einer Selektion durch Anpassung an Umweltbedingungen und durch Partnerwahl stand in krassem Gegensatz
zur christlichen Weltanschauung seiner Zeit. Der heftige
Widerspruch, den Darwin und seine Nachfolger gerade aus
dem religiösen Bereich erfuhren, war verständlich – im auf-
geklärten England konnte er aber nicht mehr zu einer
Wiederholung des Falles Galilei führen.

Die grundsätzliche Richtigkeit der Darwin'-
schen Ideen über die Veränderbarkeit der Arten wird heute
eindrucksvoll durch die Genomanalyse unterstrichen. Sie ermöglicht die Aufstellung von „Stammbäumen" der Lebensentwicklung. Sie erlaubt darüber hinaus nicht nur die genetische Definition von Arten, sondern auch von Übergangsfor-
men – darüber hinaus sogar die Bestimmung von individuellen Unterschieden. Die aus dem philosophisch-politischen
Verständnis stammende Aussage „*Alle Menschen sind gleich!*"
mag auch in juristischem Sinne ihre Notwendigkeit und
damit ihre Berechtigung haben, auf der Basis unserer Kenntnisse vom Aufbau unserer Erbsubstanz ist sie schlicht falsch.
Individuelle Unterschiede in der Zahl sich vielfach wieder-
holender Komponenten unseres Erbgutes sind heute die
Grundlage für zuverlässige gerichtsmedizinische Analysen
und Vaterschaftsteste. Punktuelle Veränderungen in der
Bausteinfolge von Genen sind nicht notwendigerweise mit

Funktionsänderungen verbunden und finden sich nicht selten bei der Analyse von spezifischen Genen. Schließlich werden mögliche Funktionsänderungen nach Mutation eines Gens durch das Vorhandensein von zwei analogen Kopien (ein väterliches und ein mütterliches Gen) häufig völlig kompensiert.

Die vorhandenen individuellen Unterschiede sind aber die Basis für die Evolution, für die ständig sich verändernde Zusammensetzung des Gen-Pools einer Population. Sich verändernde Umweltbedingungen bestimmen die Anhäufung spezifischer Genmodifikationen und damit die Richtung der Evolution. Die intensive Ausbreitung einer Volksseuche – wie zur Zeit etwa die AIDS-Infektion in Äquatorialafrika – wird über viele Generationsfolgen gesehen schon wegen ihres zeitlich langen Ablaufs fast zwangsläufig zur Selektion von Menschen mit Genveränderungen führen, die ein höheres Maß an Resistenz gegen diesen Infektionserreger aufweisen als die überwiegende Mehrzahl der heute lebenden Bevölkerung. Bei Infektionen von Tieren wurde uns verschiedentlich diese Entwicklung vor Augen geführt – besonders bei der Myxomatose, einer meist tödlichen Pockenvirus-Infektion bei Kaninchen, die zur Behebung der Kaninchenplage nach Australien eingeführt wurde. Die anfänglichen Erfolge dieses Experimentes wurden durch die rasche Resistenzentwicklung späterer Kaninchengenerationen bald in Frage gestellt.

Diese wenigen Beispiele sollen nur belegen, dass wir uns in einer dynamischen Entwicklung befinden, und unsere Nachfahren in vielen Generationen ähnlich wie unsere Vorfahren vor vielen Generationen trotz zahlloser Ähnlichkeiten und Übereinstimmungen in den Genen von uns deutlich abweichen werden oder abwichen. In den äußeren Merkmalen wird sich das nicht rasch – über sehr lange Zeiträume gesehen aber dennoch gut erfassbar – erkennen lassen. Das *Abbild des Schöpfers* verändert sich somit über die Jahrtausende und Jahrhunderttausende. Dies verleitet zu der naiv-ironischen Frage: ändert sich damit auch der *Schöpfer*?

Vermutlich wird kaum jemand eine solche Argumentationskette akzeptieren und sie als viel zu kurz gegriffen interpretieren, zumal hiermit die Aussage der Bibel nur auf körperliche Merkmale bezogen würde und ihren – heute von der Theologie postulierten – symbolischen Charakter verlöre. Ist aber nicht die körperliche Veränderung mit Modifikationen des Verhaltens, mit Änderungen unseres Eigenverständnisses und der Art unserer Willensentscheidungen korreliert? Obwohl sich die Grundstrukturen unseres Verhaltens über die für uns im Evolutionsgeschehen überschaubare sehr kurze Zeitspanne kaum geändert haben dürften, sollte dieser Bereich in subtiler, aber analoger Weise Veränderungen unterworfen sein wie die körperlichen Charakteristika. Verhaltensänderungen lassen sich naturgemäß viel schwieriger mit Veränderungen des Erbgutes in Beziehung bringen, da sie vordergründig durch veränderte Umweltvoraussetzungen bestimmt werden, die unmittelbar aus der jeweiligen „Gegenwart" auf die betreffenden Personen einwirken. Wie zuvor ausgeführt, dürften Kriege hier in der Vergangenheit und auch heute eine besondere Rolle im Selektionsprozess gespielt haben und spielen, da sie auf der einen Seite mit dem Untergang von Völkern und Volksgruppen einhergingen und auf der anderen Seite auch durch die Dominanz siegreicher Bevölkerungsgruppen eine gewisse genetische Selektion verursachen.

Es hat nicht an Programmen gefehlt, diese Selektion bewusst zu steuern – im katastrophalsten Ausmaß in den 12 Jahren nationalsozialistischer Herrschaft in Deutschland – wie auch in den zahllosen Rassen- und Religionskriegen, die weltweit geführt wurden und zur Zeit noch geführt werden. Fraglos fanden und finden auch hier durch gezielte Ausrottungsprogramme Selektionsprozesse statt, auch wenn sie uns in dieser Konsequenz nicht bewusst oder höchstgradig zuwider sind.

Die entscheidende Erkenntnis unserer Zeit bleibt aber die Dynamik unserer eigenen Evolution, die kontinuierliche Veränderung unseres Erbgutes und die unbemerkt fortschreitende Selektion auf körperliche Eigenschaften und persönliche Verhaltensweisen. *Wir sind nicht der Schlussstrich der Schöpfung und befinden uns wie unsere tierischen Vorfahren und unsere jetzt lebende Umwelt in einer überwiegend kontinuierlichen Übergangsphase.*

Wie steht es mit der individuellen Lenkung unserer Lebensgeschicke als weiterem Grundgedanken jüdisch-christlich-islamischer Religionen? Bis in die fünfziger Jahre des vergangenen Jahrhunderts hinein war für die lebende Materie eine besondere Lebenskraft postuliert worden, die sich mit naturwissenschaftlichen Methoden nicht erfassen lasse und die bis zu diesem Zeitpunkt noch eine Anpassung evolutionärer Vorgänge an diesen religiösen Glaubensinhalt erlaubte. Die Aufklärung der Struktur der Desoxyribonukleinsäure (DNS) als Grundsubstanz des Lebens durch *Watson* und *Crick* 1953 und die mechanistische Erklärung ihres Informationsinhaltes in der Folge haben solche *vitalistischen* Vorstellungen in einer erstaunlich kurzen Zeitspanne beseitigt. Heute können wir mit relativ einfachen Methoden Gene

experimentell „neu" herstellen, sie nach Belieben in ihrer
Bausteinfolge verändern und sie über die Artgrenzen hinweg
in Zellen ganz unterschiedlicher Tierarten, Pflanzen und
Mikroben zur Aktivität bringen und damit etwa die Bildung
spezifischer Hormone veranlassen oder Körperform und
Verhaltensweise zunehmend in voraussagbarer Weise verändern. Mehr noch – es ist inzwischen die Synthese des Erbgutes kompletter Viren im Reagenzglas gelungen, wobei deren
Übertragung in geeignete Zellen zu infektiöser Nachkommenschaft führt. Es ist dem Menschen also bereits jetzt möglich, Strukturen des Lebens in ihren Komponenten zu erfassen und sie auch zu funktionierenden Einheiten experimentell aus einfachsten Bausteinen zusammenzusetzen. Allerdings sind wir derzeit noch weit davon entfernt, etwa die
komplexe Struktur einer Gesamtzelle synthetisch herzustellen, und niemand weiß, ob und wann dieses gelingen wird.
Sicherlich werden wir aber in Zukunft deren Funktionen
im Detail besser und grundlegender verstehen und sie in
ihren einzelnen Komponenten besser beeinflussen können.

Ein Organismus ist natürlich mehr als die einfache Summe der in ihm funktionierenden Zellen. Ständig
werden zwischen ihnen Signale ausgetauscht, zum Teil aus
der unmittelbaren Nachbarschaft der umgebenden Zellen,
zum Teil über chemische und elektrische Signale gesteuert
aus fernen Organsystemen – hier in besonderer Weise vom
Zentralnervensystem. Diese Signale dirigieren das Wachs-
tumsverhalten, die Spezialisierung auf bestimmte Funktionen, die Organentwicklung und in der Vielzahl der von ihnen
ausgelösten Funktionen unsere Gestalt und unser Verhalten.

Seit langem wissen wir, dass Eingriffe in diese
Informationskette verheerende Folgen haben können, die

unsere Persönlichkeit sehr nachhaltig ändern: etwa unfall-
oder operations-bedingte Eingriffe in bestimmte Regionen
unserer Hirnsubstanz, die punktuelle Veränderungen wie
Sprachausfall, Gesichtsverlust oder Lähmungen bis hin zu ge-
neralisierten Ausfällen mit völligem Verlust der Persönlich-
keitsstruktur zur Folge haben können. Als Nebenwirkungen
medikamentöser Behandlung lassen sich Depressionen wie
auch Aggressivität erzeugen; realitätsfremdes Wohlbefinden
und psychische Ausgeglichenheit lassen sich durch Drogen-
konsum kurzfristig bewirken und sind sogar das erreichbare
Ziel bestimmter therapeutischer Maßnahmen.

Die Kette solcher Beispiele lässt sich fast belie-
big erweitern. Sie zeigen, dass unsere Entwicklung und unser
Verhalten gezielt beeinflusst werden können und dass diese
Veränderungen ihre Grundlage in spezifischen Strukturen
unseres Körpers haben, die eine lange Evolution herausbilde-
te. Diese Evolution war niemals perfekt – wie die früher erwähnten Beispiele des Haarverlustes oder der erworbenen
Unfähigkeit zur Synthese des lebensnotwendigen Vitamins C
zeigen. Sie hat Nachteile in Kauf genommen, wenn sie durch
andersgeartete vorteilhafte Entwicklungen mehr als kompensiert wurden.

Lassen solche Überlegungen noch Raum für
eine übernatürliche Lenkung individueller Lebensgeschicke?
Dies wird einer persönlichen Entscheidung zur Akzeptanz
der hier vorgetragenen Argumente bedürfen, da der rational
nicht fassbare Glaube an überirdische Kräfte auch nicht rational – mit wissenschaftlichen Methoden und Denkansätzen
– erfasst und damit auch nicht widerlegt werden kann. Das
Gleiche gilt für *Wunder*, die aus fast allen Religionsgemeinschaften berichtet werden, sowie für Vorstellungen von See-
lenwanderungen und dem *Fortleben nach dem Tode.*

Die Ausflucht in transzendente Vorstellungen ist spezifisch menschlich und wird aufgrund ihrer faktischen Unwiderlegbarkeit wohl immer ein Refugium für Religionen bleiben. Evolutionsgeschichtlich interessant sind dabei sowohl gemeinsame Wurzeln solcher Vorstellungen wie auch divergierende, unabhängige Entwicklungen. Die Entstehung monotheistischer Religionen, die einen Gott und Schöpfer im Mittelpunkt haben, ist zeitgeschichtlich offensichtlich eine neuere Ausrichtung. Polytheistische Vorstellungen einer Göttervielfalt sind älteren Ursprungs, sie haben sich aber bis heute in bestimmten Religionsgemeinschaften – etwa im Hinduismus – erhalten. Die Vorstellung des Nirwanas in ostasiatischen Kulturreligionen – als Auflösung aller irdischen Sorgen und Nöte durch den Tod – weicht deutlich vom monotheistischen Glaubensbereich mit seinen Vorstellungen vom paradiesischen Fortleben nach dem Tode und dem Fehlen von postmortaler Schuld und Sühne ab.

Ein interessanter Punkt der Sichtung der Religionsgemeinschaften unter dem Blickwinkel der Lebensentwicklung ist neben ihrer geographischen Verteilung ihr Anspruch auf Verbreitung der *Wahrheit*. Diese muss geglaubt werden, Zweifel ist unverantwortliche *Häresie*! Wenn die Wahrheit unteilbar und nicht nur „*symbolisch*" zu verstehen ist, lehrt uns bereits ein neutraler Blick auf das diverse Spektrum von „Wahrheiten", die in den unterschiedlichen Religionsgemeinschaften vertreten werden, dass nicht alle Glaubensbegründer in gleicher Weise erleuchtet sein konnten, auch wenn sie mit ihren Ideen und Vorstellungen zum Teil einen immensen Einfluss auf Entwicklung und Verhalten der Menschheit nahmen, wie dies uneingeschränkt für die großen Kulturreligionen wie Judentum, Christentum, Islam, Buddhismus und Hinduismus gilt.

Die geographische Verbreitung der Religionen lehrt uns ein zweites: heute – wie auch zumeist in der Vergangenheit – wird der weit überwiegende Teil der Religionszugehörigkeit nicht durch zündende Ideen und Überzeugungskraft, sondern durch Geburt – in einigen Regionen in wesentlichem Umfang auch durch politischen Druck bestimmt. Die frühzeitige Prägung der Kinder auf spezifische Religionsinhalte, der vertraute Umgang mit rational nicht nachvollziehbaren Riten sind entscheidende Voraussetzungen für die Schaffung eines Zusammengehörigkeitsgefühls wie auch für eine gemeinsame Interessensvertretung. Der tröstende Hinweis auf das Leben nach dem Tode für erlittenes Unrecht, für Verfolgung und Krankheit ist gleichzeitig ein Ordnungsfaktor, der in der Vergangenheit – aber auch noch heute – revolutionäre Ideen im Keime ersticken lässt.

Zahlreiche Religionskriege – in jüngster Vergangenheit der Bürgerkrieg im ehemaligen Jugoslawien – zeugen von Versuchen, Religionsinhalte und damit den Einfluss von Religionsgemeinschaften mit Gewalt auszudehnen. Die Existenz von *Staatsreligionen* in anderen Ländern zeugt darüber hinaus von der engen Verquickung von Glaube und Macht. Auch intensive missionarische Tätigkeit war und ist oft wesentlich von wirtschaftlichen und politischen Interessen mitbestimmt, wie es die Beispiele der Geschichte Afrikas und Südamerikas eindrucksvoll belegen.

Auch wenn sich heute multikulturelle Gesellschaften aufgrund des Einwanderungsverhaltens verschiedener Volksgruppen in bestimmten Bereichen der Welt – vor allem in den amerikanischen Staaten – bilden, zeigt uns ein Blick auf die Landkarte der Religionsgemeinschaften, wie wenig wirkliche Freiheit in der Entscheidung für Glaubens-

richtungen besteht und wie sehr regional-kulturelle Zwänge
diese Entscheidung prägen.

Religionen haben ihren Ursprung in dem Bedürfnis, Naturphänomene zu erklären, eine *Bestimmung* für
die Existenz der Menschen zu finden, deren Zusammenleben
zu regeln, und eine Erklärung für die Vergänglichkeit der individuellen Existenz zu liefern. Über Jahrhunderte, ja über
Jahrtausende haben sie diese Aufgabe mit unterschiedlichem
Erfolg erfüllt und bestimmten Zeitspannen – etwa dem europäischen Mittelalter – nachdrücklich ihren Stempel aufge-
drückt und das Verhalten beeinflusst; Ungläubige wurden ge-
ächtet oder sogar verbrannt, und damit wirkten sie in einem
gewissen Umfang auch auf die Evolution des Menschen ein.

Die naturwissenschaftlichen Erkenntnisse über
die Grundlagen unseres Lebens, auch die Dynamik der Evolution des Menschen, die heute mögliche Beeinflussung unseres Erbmaterials, die Erklärung unseres Verhaltensmusters
und „freier" Willensentscheidungen über komplexe Reizketten – dies alles wäre heute nur über historische Sprünge mit
Glaubensinhalten vereinbar. Für solche *historischen Sprünge*
wäre das Überbordwerfen von Glaubensinhalten verschiedener Konfessionen eine notwendige Voraussetzung. Sie betreffen Ursprung und Grundlagen des Lebens, die Sicht der
menschlichen Evolution und vor allem natürlich die *„Bestimmung des Menschen"* als theologische Glaubensinhalte. Im
eher angewandten Sinne wäre es zum Beispiel ein Nein zur
Ablehnung der Geburtenkontrolle, wie sie von der katholi-
schen Kirche für ihren Bereich aufrecht erhalten wird. In der
sich erweiternden Kluft zwischen naturwissenschaftlicher
Erkenntnis und Glauben liegt vermutlich der Grund für die
erkennbare Krise vieler Religionsgemeinschaften – zumin-

dest in der westlichen Welt –, auch wenn Unverständnis über die wachsende Erkennung unserer Lebensgrundlagen noch vielfach zu eher entschlossenem Festhalten an das früh geprägte Glaubensbekenntnis führt.

Wird eine vorrangig von religiösen Traditionen geprägte, in ihrem Selbstverständnis geschlossene Welt eher in der Lage sein, die Probleme unserer Zukunft zu meistern, als eine Gesellschaft, die sich intensiv bemüht, sich selbst in ihrer Umwelt besser zu verstehen?

12 Gen - Ethik

Wenn man ausgehend von Kant, aber auch schon seinen Vorgängern, bis heute philosophische Begründungen der Ethik verfolgt, fällt ins Auge, wie sehr diese Begründungen – vielleicht mit der bemerkenswerten Ausnahme von *Nietzsche* – auf Normen für das „Ich" aufgestellt sind. Vom kategorischen Imperativ *Kants* bis zu den heutigen, den Naturwissenschaften näherstehenden Philosophen wie zum Beispiel *Vollmer* ist unverkennbar, wie sehr die Betrachtung individueller Handlungsweisen und Werte ihre Ausführungen bestimmen. Der Inhalt sittlicher Entscheidungen, das Sittengesetz, die theoretische und praktische Vernunft, die freiheitliche Entscheidung, sich so oder anders zu verhalten, sie könnten keiner naturwissenschaftlichen Erklärung, auch nicht der evolutionären Erkenntnistheorie, unterliegen. Sind Begriffe wie Wahrheit, Schönheit und Güte wirklich jeder kausalwissenschaftlichen Analyse entzogen?

Es wirkt auf den ersten Blick überraschend, wie viele der zuvor genannten Betrachtungen sich auf die Analyse des Innenlebens des Individuums beziehen. Das sittliche Verhalten oder Verstöße dagegen werden als Regung des Innenlebens, ja der Seele, charakterisiert und viel weniger im Rahmen eines durch die Gesellschaft vorgegebenen Freiheitsgrades definiert. Könnte es nicht sein, dass wir aufgrund einer langen sozialen Evolution den zuvor genannten Begriffen Wahrheit, Schönheit und Güte ihren Rang zumessen – unbeschadet der Tatsache, dass uns nicht in allen Situationen zum Beispiel Wahrheitsliebe und Güte immer hilfreich sind und wir deshalb uns auch nicht immer an diesen Begriffen orientieren?

Der modulierende Einfluss der Gesellschaft, unserer Sozialstruktur auf unsere Erziehung und Entwicklung auf das, was wir gegenwärtig als sittliche Norm betrachten, wird nach meiner Auffassung meist unterschätzt. Leicht überspitzt ließe sich formulieren, dass wir regelmäßig das als „gut" betrachten, was insgesamt unserer Gesellschaft gut tut, wobei der Begriff der Gesellschaft weit gefasst werden müsste. Er kann sich nicht darauf beschränken, durch eine ideologische oder politische Richtungsvorgabe neue Werte aufzunehmen und bisherige über Bord zu werfen. Heute mehr als früher wird er zunehmend von einem globalen Konsens getragen werden müssen, der aufgrund ebenfalls globaler Kommunikationsmöglichkeiten es auch zunehmend erleichtert, Irrwege – etwa diktatorischer Regimes – auch als sittlich verwerflich zu brandmarken.

Im Verlauf unserer Evolution haben wir komplexe Formen des Zusammenlebens entwickelt, die in zunehmendem Umfang auf Aufgabenteilungen und damit auf Spezialisierungen hinausliefen. Sie haben gleichzeitig auch die Grundlagen für funktionierende Ernährungsketten, für Erziehung und Kultur und letztlich auch für die hohe Bevölkerungsdichte und für das individuelle Überleben der Menschen in der vom Menschen veränderten Umwelt geschaffen.

Während in der Frühzeit der Menschheitsgeschichte kleine Gruppen in völliger Autarkie lebten – wie wir

dies auch heute noch in weitgehender Form bei einigen Na-
turvölkern, etwa bestimmten Stämmen der Amazonas-India-
ner und Pygmäenstämmen in Afrika, beobachten – entwickelte sich später ein System der Arbeitsteilung, etwa der Jäger,
Landarbeiter, Krieger und Priester, das heute in den Sozial-
staaten in eine fast unübersehbare Fülle unterschiedlicher
Arbeitsbereiche einmündet. Dies hat zur Konsequenz, dass
nur ein verhältnismäßig kleiner Anteil der Bevölkerung unmittelbar mit Fragen der Nahrungsproduktion befasst ist
und aufgrund effizienter Produktionsverfahren die Versorgung eines unvergleichlich viel größeren Bevölkerungsanteils
nicht nur bewirkt, sondern zumindest in den westlichen Industrienationen sogar einen Überschuss erwirtschaftet. Das
gleiche gilt für die Bekleidungsindustrie, für den Häuserbau,
für die Wasser- und Energieversorgung, für das Gesundheits-
wesen und für eine fast unendliche Fülle weiterer Dienstbe-
reiche.

Die Entwicklung solcher Strukturen erfordert
ein hohes Maß an Koordination und individueller Bereitschaft, sich einem solchen System anzupassen. Dabei besteht
für das Nichtanpassen nur geringer Spielraum, da es direkt
die eigene Entwicklung, ja sogar langfristig die Überlebens-
chancen spürbar beeinträchtigt – wir brauchen nur an die
Konsequenzen der Nichtbeachtung bestehender Besitzver-
hältnisse zu denken.

Unsere Gesellschaft hat für sich einen Kodex
entwickelt, innerhalb dessen koordinierte Funktionen relativ
reibungsarm wahrgenommen werden können, der eine Art
Besitzstandgarantie gewährt und der den Umgang miteinander regelt. Dieser Kodex ist geographisch nicht einheitlich;
er richtet sich nach der Bevölkerungsdichte, dem Grad der

Komplexität sozialer Strukturen, wird aber auch in deutlichem Umfang von weltanschaulichen Ansichten geprägt. Während zum Beispiel der Grundsatz des Tötungsverbotes anderer Menschen eine entscheidende Voraussetzung für die Entwicklung sozialer Strukturen ist und war, wird dieser Grundsatz beim Vorliegen von „Kapitalverbrechen" gezielt durch Verhängung der Todesstrafe unterlaufen, wobei die Definition der Kapitalverbrechen in verschiedenen Ländern eine sehr unterschiedliche Handhabung erfährt. Hier ist es zum Teil nicht nur die Sühne für Mord, sondern sogar das Abweichen von eigenen weltanschaulichen Prinzipien – bis hin zum Tötungsaufruf von Dissidenten, wie wir es gerade in diesen Jahren als Ausdruck von staatlich gefördertem religiösen Fanatismus erfahren. Es können also der gleichen Handlung – der Vernichtung von Menschenleben – ganz unterschiedliche Bewusstseinsstrukturen zugrunde liegen.

Ist es wirklich so, dass wir von Natur aus in der Lage sind, zwischen gut und böse zu unterscheiden? Ist uns sozusagen der Inhalt der zehn Gebote, der die Grundlade für unseren sozialen Frieden sein sollte, in unserem Empfinden *von Geburt* an mitgegeben? Ist die vielzitierte *Menschenwürde*, die nicht verletzt werden darf, eine Art von Naturempfinden, das auch ohne vorgegebene Sozialstrukturen in uns genetisch verankert ist? Oder sind Begriffe wie *Gut und Böse* und die *Achtung der Menschenwürde* eher der Ausdruck früher Prägungen, der Ausdruck einer sozialen Evolution, von vorprogrammierten Erziehungsprozessen, unserer Kultur und damit die Voraussetzung für und die Konsequenz von Strukturen, die unsere heutige Gesellschaft formen?

Auch auf dem Gebiet der Ethik hat zweifellos über die Jahrhunderttausende eine adaptive Selektion für ge-

wisse Bahnungen stattgefunden, welche die Bildung der heute vorliegenden sozialen Strukturen ermöglichte. Sie wird
überlagert durch erziehungsbedingte – postnatale – Prägungen. Die Fürsorge für die Kinder kann hier als Beispiel gelten: die mütterliche Hingabe wird insbesondere in der frühen Phase nach der Geburt sehr deutlich durch hormonale
Faktoren beeinflusst, wie wir dies schon früher diskutierten.
Die lange Zeitspanne einer elterlichen Betreuung bei schuli-
schen und beruflichen Ausbildungszeiten, die bis an das vier-
te Lebensjahrzehnt heranreicht, wird jedoch durch das ent-
standene Sozialverhalten beeinflusst. Die in dieser Lebens-
phase erfolgende Spezialisierung kommt in ihrer Gesamtheit
später dem Gemeinschaftsleben zugute.

Die Begriffsinhalte für Gut und Böse unterliegen einer ähnlichen Entwicklung. Wir empfinden die mütterliche Hingabe, die Verteidigung der Kinder durch Eltern und
Angehörige, das Zusammenhalten verwandter Gruppen – bis
hin zum einheitlichen Handeln gleicher Sprachgruppen und
Nationen (bei vorhandenen oder eingebildeten Bedrohungen
von außen) zumeist spontan als „gut". Dieser *Reflex* dürfte
auf vorgeburtlicher Bahnung beruhen; er wird überlagert
durch die im Leben gesammelten Erfahrungen, die ein Nachdenken über die spontane Emotion veranlassen und gegebenenfalls zur Überzeugung führen, dass nach Abwägen von
Risiken die klare spontane Entscheidung widerrufen wird,
jedenfalls nicht mehr länger als gut oder als uneingeschränkt *gut* empfunden wird.

Überzogener Patriotismus, Nationalismus und
religiöser Fanatismus liegen auf einer ähnlichen Ebene. Hier
wird bewusst das Gruppenbewusstsein, die Zusammengehö-
rigkeit aufgrund bestimmter Charakteristika – Sprache,

Rasse, Religion – in einer Form angesprochen, die emotionale
Reaktionen anstößt oder auslöst, die wiederum vorgeburtlicher Bahnung unterliegen, ohne viel Spielraum für rationa-
les Handeln zu belassen.

Der Begriff *Gut* beinhaltet in unserer Gesellschaft alles, was wir für die Entwicklung des Einzelnen für
richtig halten, das seine Eingliederung in die sozialen Strukturen ermöglicht, damit den sozialen Frieden sichert und den
Bestand der Familie, der Lebensgemeinschaft, des Volkes
möglichst langfristig gewährleistet. Letztlich sind hiermit die
notwendigen Voraussetzungen zur Sicherung des individuellen Lebenserhaltes und der Erhaltung der Art zusammenge-
fasst.

Eine solche Definition erscheint auf den zweiten
Blick als viel zu kurz gegriffen: altruistische Handlungsweisen, die uneigennützige Hingabe für andere und persönliches
Heldentum, das kontemplative Einsiedlertum und die Askese
werden ebenfalls spontan als Gut empfunden – ohne dass sie
für die betroffene Person oder – wie beim Einsiedlertum –
für die Gemeinschaft von erkennbarem „Nutzen" sind und
den Betroffenen oft gesundheitliche Schäden – bis hin zum
Tod – zufügen. Sicherlich liegen die Motive für solche Handlungsweisen auf sehr unterschiedlichen Ebenen: beim Heldentum vom spontanen Einsatz zur Hilfe Dritter bis hin zur
überlegten Selbstaufopferung für Gemeinschaftsziele oder
für postumen Ruhm.

Das bewusste Voranstellen von Gemeinschafts-
zielen vor den eigenen Lebenserhalt ist wohl als neuer Schritt
im Verlauf der Evolution zu werten und unterscheidet sich
von instinktiven altruistisch-anmutenden Verhaltensmustern,
etwa der Selbstaufopferung von Ameisen und anderen kolo-

nie-bildenden Insekten in der Verteidigung ihrer Brut und ihres Lebensraumes. Wir sehen dies regelmäßig als *gute* Verhaltensweise an. Aber auch in unserer Gesellschaft gibt es interessante Varianten: in einem Kriegsfall, der von beiden gegnerischen Lagern – zumindest aber von den direkt beteiligten Soldaten – zumeist in der Überzeugung geführt wird, für die eigene „Sache", für das eigene Land und damit für eine *gute Sache* zu kämpfen, hat in der Regel der Tod der auf der Siegerseite gefallenen Soldaten eine andere Wertigkeit, als der Tod der Verlierer. Der Begriff *Gut* wird vom Sieger definiert und der unterlegenen Seite diktiert. Auch später über das Geschichtsverständnis sich entwickelnde „Rehabilitationen" der Verliererseite ändern wenig an der spontan-emotionalen Begriffsdefinition *gut* – im beschriebenen Fall zur Verfolgung und Rechtfertigung eigener Interessen.

Askese erfährt solange Bewunderung, wie sie mit einer persönlichen Ausstrahlung des Betroffenen einhergeht, eine Vorbildfunktion in schwierigen Situationen erfüllt und durch Nachahmung auch gewünschte soziale Strukturen – etwa eine „gerechte" Nahrungsverteilung in Notzeiten – stützt oder den Abbau als unerwünscht erkannter Strukturen fördert. Die Beispiele vieler Religionsstifter und ihrer Jünger, aber auch von Politikern – wie etwa *Mahatma Gandhi* – haben die Geschichte der Menschheit nachhaltig beeinflusst. Das Leiden für andere erfährt regelmäßig eine Bewertung als *gut*, auch wenn es der Durchsetzung politischer Ziele dient. Diese emotionsbezogene Wertung geht soweit, dass auch Hungerstreiks zur Erreichung persönlicher Verbesserungen – etwa günstigerer Haftbedingungen oder zur Durchsetzung besserer Arbeits- und Wohnverhältnisse – durch die dahinterstehende Drohung der Selbsttötung und deren Effekt auf emotionale Regungen der Gesellschaft – häufig beachtliche Erfolge zeigen.

In analoger Weise werten wir den Begriff *Böse*. In erster Annäherung wird von uns heute alles das als „böse" bezeichnet, was kommunikatives Verhalten stört und der Integration in die Gemeinschaft entgegensteht: das Eindringen in den eigenen „Besitzstand", etwa durch Diebstahl oder Betrug, durch Abwerben des Sexualpartners, durch Gewaltanwendung zur Durchsetzung eigener Ziele – bis hin zum Mord. Täuschen und Belügen tragen das gleiche Stigma, in totalitären Systemen auch das Vertreten einer anderen, nicht staatskonformen Meinung.

Wir können leicht im täglichen Leben die subjektiv oft verwaschene Auslegung des Begriffes *Böse* studieren: etwa bei banalen Streitereien in der Familie, in der Schule oder im Berufsleben. Kritik am Verhalten des Anderen, der meist die Annahme einer gemeinschaftsschädigenden Aktion zugrunde liegt, wird in der Mehrzahl der Fälle instinktiv-emotional mit Rechtfertigungsanspruch und Selbstverteidigung beantwortet, häufig auch mit einem harten Gegenangriff auf den Kritiker, dem nun seinerseits gemeinschaftsschädigendes Verhalten unterstellt wird. Die „Einsicht" in eigene Fehler bedarf zumeist sorgfältiger nachträglicher Abwägung nach Abklingen chaotischer Gemütsbewegungen und der Erkenntnis, dass dieser Fehler dem kommunikativen Zusammenleben entgegensteht, dies zumindest stört. Wer sich diesen Regeln nicht fügt, wird von der Gesellschaft ausgestoßen, zumindest kann er nur an ihrem Rande dahinvegetieren oder verbringt sein Dasein in geschlossenen Anstalten. Wir erfahren dies zum Beispiel bei Land- und Stadtstreichern, als Konsequenz wiederholter krimineller Akte oder bei chronischen psychiatrischen Erkrankungen.

Eine bemerkenswerte Ausnahme von dieser Regel sind Persönlichkeiten, die aufgrund besonderer Ausdrucksmöglichkeiten, geistiger Anziehungskraft oder auch wegen ihrer körperlichen Stärke eine klare Führungsrolle einnehmen. Sie können offensichtlich gelegentlich für sich in Anspruch nehmen, die Begriffe *Gut* und *Böse* neu – im Sinne ihrer eigenen Interpretation oder auch ihres eigenen Vorteils – zu definieren, ohne die strikte Berücksichtigung der Gemeinschaftsinteressen beachten zu müssen. Religionsstifter, Philosophen, Diktatoren, aber auch Schriftsteller, Maler, Modeschöpfer sowie Spitzensportler lassen sich hier als Beispiele aufführen.

Durch die einseitige Betonung ausschließlich kommunikativer Interessen, ihrer rücksichtslosen Nutzung für eine Bevölkerungsgruppe, lassen sich Emotionen schüren, die Wertungen bisheriger ethischer Maßstäbe beiseite schieben und explosionsartig Gemeinschaftskräfte freisetzen können, die dann globale Auswirkungen haben mögen. Die zwölf Jahre des Nationalsozialismus in Deutschland sind ein besonders tragisches Beispiel für solche Entwicklungen.

Aus diesen Betrachtungen geht hervor, dass die zunehmende Ausprägung sozialer Strukturen als Grundlage für Bewertungsmaßstäbe unseres Verhaltens angesehen werden kann. In diesem Rahmen kommt es zu erziehungsbedingten Prägungen, die unsere Reaktionen in späteren Lebensphasen bestimmen.

Auf der anderen Seite sind die sozialen Strukturen eine Grundvoraussetzung, um trotz hoher Bevölkerungsdichte Ernährung, Erziehung, Ordnung und Hygiene-Standards aufrecht zu erhalten und damit ein relatives Wohlergehen bei steigender Lebenserwartung zu sichern. Die soziale Evolution ist als Konsequenz unserer genetischen Veranlagung zustande gekommen, auch wenn sie sich zunehmend *epigenetischer* Gedächtnisstrukturen – der Schrift, akustischer und visueller Konservierungsverfahren und der automatisierten Datenverarbeitung – bedient.

Neben Gut und Böse ist ein vielfach verwendeter Begriff die *Menschenwürde*. In religiösem Sinne leitet sie ihren Ursprung vom Schöpfungsakt ab – der Schaffung des Menschen als Ebenbild des Schöpfers und damit der herausgehobenen Stellung des Menschen innerhalb der übrigen Schöpfung. Die menschenunwürdige Behandlung ist damit ein Akt auch gegen den Schöpfer und der von ihm vorgegebenen *Bestimmung des Menschen.*

Eine solche Betrachtung berücksichtigt natürlich nicht die subtileren Wurzeln dieses Begriffes, die außerhalb des religiösen Bereichs liegen und ihre Basis in den sich im Verlauf der Evolution entwickelnden Sozialstrukturen haben dürften. Die Unverletzlichkeit des persönlichen Bereiches, die *Ehre*, war die Voraussetzung für überzeugte Waffenbrüderschaft, für eheliche Partnerschaft, für freiwilliges gemeinschaftliches Handeln und für strafrechtliches Vorgehen bei Verletzung dieses Grundsatzes. Dass auch hier ein evolutionärer Prozess vorliegt, zeigt sich schon in dem unterschiedlichen Verständnis dieses Begriffes in der Menschheitsgeschichte: die über Jahrtausende während Sklavenhaltung billigte zumindest dieser Bevölkerungsgruppe keine vergleichbaren Rechte zu – wobei vermutlich wenigstens in der vorchristlichen Zeit wohl bestenfalls vereinzelt ein Unrechtsbewusstsein in diesem Punkt bestand. Auch wenn die „Gleichheit" aller Menschen zum Prinzip der französischen Revolution erhoben wurde und sich insgesamt in der Neuzeit eine gewisse Bewusstseinsänderung abzeichnet, sind wir gegenwärtig noch weit davon entfernt, diese in der Praxis des Umgangs miteinander zu akzeptieren – und werden dies vermutlich auch in Zukunft nicht tun.

Heute hat die Diskussion über die *Menschen-würde*, über Genomforschung und die zunehmende Kenntnis der Embryonalentwicklung eine deutlich neue Richtung genommen: ist es mit der Menschenwürde vereinbar, dass wir unser Genom bis ins Detail kennen, dass wir durch die *Schöpfung* vorgenommene Erbschäden korrigieren, dass wir Voraussagen über die weitere Entwicklung auf der Basis von Genomuntersuchungen betreiben? Unter Betrachtung vorgeburtlicher Entwicklungsschritte und aus religiösem Grundverständnis abgeleitete Wertungsprinzipien spitzt sich auf der anderen Seite die Frage zu: wo beginnt ein Menschenleben, ist es der Zeitpunkt der Befruchtung des Eies, oder etwa die beginnende Individualisierung des Embryos nach dem 12. Lebenstag? In der sehr frühen Phase sind die Embryozellen *totipotent*, das heißt, sie können auch nach Trennung der Zellen jeweils zu neuen Embryonen auswachsen. Diese Frage wurde schon zuvor diskutiert.

Der religiöse Hintergrund dieser Fragestellungen wird noch deutlicher, wenn wir sie in analoger Weise bei unserem nächsten Verwandten aus dem Tierreich, dem Schimpansen, betrachten. Mehr als 98% der Bausteine unseres Erbgutes sind identisch mit denen des Schimpansen, die Genprodukte – die Proteine – unterscheiden sich bei Mensch und Schimpansen in ihrer Aminosäurenzusammensetzung durchschnittlich nur um 1%! Offensichtlich ist dies ausreichend, um diesen Tieren eine „*Schimpansenwürde*" abzusprechen, sie oft lebenslang eingekerkert zu halten und an ihnen Experimente (etwa Infektionen mit HIV- oder Hepatitis-Viren, Impfstoffstudien etc.) durchzuführen, die sich beim Menschen aus *ethischen Gründen* verbieten. Es wäre für die Gesellschaft eine Zumutung, in den Schimpansen ebenfalls etwas wie ein „göttliches Ebenbild" zu erkennen. Wenn man von der Furcht vor der Schaffung tierischer „Monster" durch gentechnische Eingriffe absieht, gibt es bisher keine erkennbaren Bemühungen, in der Analyse tierischer Genome nichtethische Aspekte zu sehen. Die eher zögerliche Verwendung von Schimpansen in der Embryonenforschung ist wohl mehr durch die hohen Haltungskosten, die vergleichsweise niedrige Reproduktionsrate und durch Importverbote bedingt als durch ethische Betrachtungsweisen. Ähnlich wie früher bei der Sklavenhaltung fehlt uns auch hier in weiten Bereichen ein Unrechtsbewusstsein. Erst in den letzten Jahren ist der Artenschutz als ethisches Grundprinzip zunehmend in die Diskussion gekommen.

Die Statik unseres Weltbildes ist noch weit entfernt von der Kinetik des Lebens und damit von der Realität. Die Prägung ethischer Begriffe ist Voraussetzung und Folge der sozialen Evolution, die Religionen haben sie als *Grundwahrheiten* oder als *göttliche Offenbarungen* übernommen. Unsere Ethik berücksichtigt derzeit noch weit überwiegend auf uns selbst bezogene Betrachtungsweisen – der schwindende Lebensraum auf dieser Erde zwingt uns aber zunehmend, auch die uns umgebende Fauna und Flora, ja sogar die unbelebte Natur in ein ethisches Grundverständnis miteinzubeziehen, das dem Leben generell *Würde* und ihm die Möglichkeit zu weiterer evolutionärer Entfaltung gibt.

Unsere hohe Individualbewertung lenkt davon ab, dass der eigentliche Lebensfaden, der unsere Vorfahren, uns und unsere Nachkommen dirigiert, in den Keimzellen ein gewisses Maß von „Unsterblichkeit" besitzt; dieser allerdings durch das, was uns im Leben widerfährt, nachhaltig beeinflusst und verändert werden kann – auch dies mag die „Richtung" der Evolution bestimmen. Als *Fruchtkörper der Keimbahn* tragen wir die Entfaltungsmöglichkeiten für die Zukunft in uns, auch wenn diese uns verborgen bleiben muss. Es liegt zu einem guten Teil an uns, dazu beizutragen, dass diese Entfaltung nicht zum Niedergang wird.

13 Schlussfolgerungen

Die Ergebnisse der Genomforschung und der molekularen
Biologie führen uns – konsequent durchdacht – zwangsläufig
zu einer Art von *dynamischem Rationalismus.* Das Verständnis unserer Evolution und die zunehmende Einsicht unserer
Einbindung in gegenwärtige Evolutionsprozesse lassen uns
unsere Rolle auf der Erde neu definieren, als hochspeziali-
sierte Glieder einer Lebenskette, die – ähnlich wie zuvor die
Tiere das Land, Insekten, Vögel und Fledermäuse die Luft er-
oberten – sich eine neue Dimension eröffnet haben, die *Dimension des Denkens* und als deren Konsequenz komplexe
Mechanismen der Erfahrungsübermittlung auch außerhalb
direkter persönlicher Kontakte.

Die Evolution des Denkens hat ähnlich wie die
Evolution in neuen Lebensräumen durchaus unterschiedliche
Verästelungen aufgewiesen. Neben der praktischen Lebens-
erfahrung und davon abgeleiteter Handlungsweisen wurden
auch und in sehr unterschiedlichem Umfang aus dieser Le-
benserfahrung sehr komplexe Strukturen ihres Ursprungs
und ihrer Ursachen erdacht, die sich einer rationalen Analyse
entzogen. Das ersichtliche und in früheren Zeitphasen überaus verständliche Unvermögen, Lebensprozesse zu verstehen
und sich darin einzuordnen – verbunden mit dem Bedürfnis,
die Selbsterhaltung auch über den unverständlichen indivi-

duellen Tod zu gewährleisten – hat zu statischen, alles vereinnahmenden transzendenten Weltbildern geführt. Ihre Nichtüberprüfbarkeit bedingte den *Glauben*, der über die großen Religionsgemeinschaften auch zur Durchsetzung gesellschaftlicher und politischer Ziele genutzt wird und seinen bestimmenden Charakter durch frühe Prägung im Kindesalter erhält.

Wir sehen heute, dass ein wesentlicher Bestandteil vieler Glaubensinhalte, das *Weiterleben nach dem Tode*, in gewisser Weise auch über die Perspektive eines eher dynamisch-orientierten Rationalismus gestützt wird: dynamisch in dem Fortleben der Keimbahnkette, die über die Generationsfolgen Veränderungen unterliegt, als Voraussetzung für die Anpassung an die sich ebenfalls verändernde Umwelt; aber auch statisch durch die heute verfügbaren Konservierungstechniken für Gedanken, Bilder und Geräusche.

Haben wir eine „*Rolle*" auf diesem Planeten oder dichten wir uns eine solche nur zu? Spielen wir diese Rolle nur, weil wir zur dominierenden Spezies auf dieser Erde geworden sind und weil wir alles daran setzen wollen, diese Rolle zu perpetuieren? Verhalten wir uns damit anders, als es jede Art von den Mikroorganismen über die Pflanzen und die Tiere unter analogen Voraussetzungen auch tun würden? Durch die Verarbeitung von Erfahrungen, die weitere Entwicklung des Gedächtnisses und über das wissenschaftliche Erkennen der Grundlagen dieser Welt sind wir in der Tat – sozusagen unversehens – in eine Sonderrolle geraten. Im Gegensatz zu allen anderen Formen des Lebens haben wir über die Erkenntnis unserer Abhängigkeit von unserer Umwelt auch die Chance, diese möglichst in unserem Sinne zu konservieren – zumindest so lange keine von uns unbeein flussbaren Ereignisse auf diese einwirken. Eigentlich bleibt uns keine andere Wahl, als alles zu tun, um den Fortbestand unserer Art zu sichern, auch wenn wir vermutlich als erste Lebewesen zu verstehen beginnen, dass dies nur über den Erhalt unserer Umwelt möglich ist.

Die Naturwissenschaften, und hier in besonderer Weise die Biologie, haben in den vergangenen Jahrzehnten einen tiefgreifenden Umbruch eingeleitet, der wohl zwangsläufig zu einem Bruch mit tradierten Weltbildern führt. Sie haben nicht nur zur *„Erleichterung des Lebens"* und zur *„Befreiung vom Aberglauben"* beigetragen (*Hösle*), sondern wirken heute tief in unser religiöses Verständnis hinein. Ist es wirklich so, wie *Hösle* schreibt, *„die Intensität der religiösen Bedürfnisse habe keineswegs nachgelassen; ganz im Gegenteil bleibt der Mensch unheilbar religiös, und diese religiösen Bedürfnisse suchen unweigerlich nach Formen der Befriedigung – Formen, die um so abwegiger und irrationaler, ja gefährlicher werden können, je stärker sie sich von jener wenigstens partiell rationalen Durchdringung religiöser Erfahrungen absetzen, die in der Theologie geleistet wurde".* Gibt es eine „partiell rationale Durchdringung religiöser Erfahrungen"?

Die für mich erkennbare Konsequenz ist eine eindeutige Trennung von religiösem Fanatismus und von den vielfältigen globalen Heilslehren. Wir benötigen eine *neue und immer wieder erneuerte Bewertung unseres Zusammenlebens als biologisch und sozial bestimmte Gemeinschaft*. Deren Schicksal ist, je enger wir durch Bevölkerungszunahme zusammenrücken, umso intensiver miteinander verknüpft. Dies betrifft die Regulation der Welternährung, den Umgang mit Naturkatastrophen ebenso wie etwa staatliche Organisations-

formen und Seuchenkontrolle. Wir werden unsere Bedürfnisse immer wieder vor dem Hintergrund unseres und des
Überlebens unserer Kinder und nachfolgender Generationen
dynamisch definieren müssen, das heißt unter Anpassung an
die fortschreitenden Erkenntnisse der Natur- und Sozialwis-
senschaften, die uns schon gegenwärtig über Ernährung, Medizin und Technik das Überleben einer übergroßen Zahl von
Menschen sichern und die Lebensgrundlagen liefern. Dabei
sollten wir nicht vergessen, dass wir uns in einer mindestens
drei Milliarden Jahre währenden Entwicklungskette befinden, die zu den ersten Ursprüngen des Lebens zurückreicht
und deren Ende wir – wohl glücklicherweise – nicht kennen.

Die Evolution des *Homo sapiens* ist zeitgeschichtlich sehr kurz, außerhalb Afrikas umfasst sie vermutlich weniger als 200000 Jahre. Dennoch hat sie bereits zur
Aufspaltung in Menschenrassen geführt, die sich in unterschiedlicher Weise an die jeweiligen Lebensräume angepasst
haben und eine eigene Kulturgeschichte prägten. Die heute
durch die technischen Entwicklungen mögliche Anpassung
an das Leben in den meisten Erdregionen – etwa durch Heiz-
techniken oder durch Klimaanlagen – sollte der Isolierung
von Menschengruppen und damit der Prägung von Rassen-
merkmalen entgegenwirken, obwohl dies in der Realität
wohl nur in einem gewissen Umfang in den großen Einwan-
derungsgebieten der Erde – in Nord- und Südamerika –
geschieht.

Heute sind es vermutlich weniger die geographische Trennung als vielmehr die soziale Schichtung und
ideologische, zum Teil religiös-bestimmte „Wahrheitsverkün-
der", die oft in einer sehr subtilen und nicht immer innerhalb einzelner Generationen erkennbaren Weise zur Steue-

rung der Evolutionsrichtung beitragen. Sie enthalten den eigentlichen Sprengstoff für künftige revolutionär-chaotische Umwälzungen – verbunden mit der Gefahr des Verlustes unseres kulturellen Erbes. Diesen Entwicklungen kann vermutlich nur durch ein globales Aufklärungsprogramm mit dem nötigen Nachdruck entgegengetreten werden – mit dem Ziel, wo immer möglich Glaubensvorstellungen durch wissenschaftliche und soziale Erkenntnisse zu ersetzen. Dies kann für voraussagbare Zeitspannen nur aus anthropozentrischer Sicht, also unter besonderer Berücksichtigung der Lebensinteressen des Menschen und seines Selbsterhaltungstriebes, geleistet werden. Wir definieren als Ziel die weitere Verbesserung der Lebensgrundlage *des Menschen,* zumindest aber deren gegenwärtigen Erhalt, jetzt zunehmend auch unter Berücksichtigung des Erhaltes der Umwelt.

Drei Grundprobleme stehen vordringlich zur Lösung an, die gegenwärtig notwendige gemeinschaftlich getragene Aktionen fast unmöglich machen: die bedrohlich wachsende Weltbevölkerung, die tiefgreifende soziale Schichtung und die weltweiten Unterschiede in der Ernährungslage.

Vor allem die Geburtenkontrolle – hier in besonderer Weise in den Entwicklungsländern – wird vermutlich nur durch entschiedene Strukturmaßnahmen, die sowohl den Bildungsstand als auch die Wirtschaftsgrundlage der jeweiligen Länder betreffen, langfristig zu erreichen sein. Die Einsicht in ihre Notwendigkeit muss vermutlich in den überbevölkerten Armutsgebieten der Erde von innen reifen, auch die Einsicht, dass solche Maßnahmen – wie hier vielfach politisch argumentiert wird – nicht (nur) zur Erhaltung des Lebensstandards in den Industrieländern erforderlich, sondern auch für das eigene sich entwickelnde Sozialgefüge zwingend sind. Auch wird es hier spezifischer Programme für individuelle Länder bedürfen, wobei supranationale Organisationen eine entscheidende Rolle spielen könnten.

Die Abflachung sozialer Schichtung wird durch das Angebot breitgefächerter Ausbildungsprogramme zumindest in einem gewissen Umfang erreicht werden können. Dies allerdings nur dann, wenn nach erbrachter Leistung auch ein angemessenes Angebot für deren Anwendung zur Verfügung steht. Die hohen Arbeitslosenzahlen in den Industrieländern geben zumindest derzeit auf diesem Sektor zu wenig Optimismus Anlass.

Die Ernährungsgrundlage hat sich in der westlichen Welt – aber auch in beträchtlichen Teilen Asiens – in den vergangenen Jahrzehnten in entscheidender Weise verbessert. Dies zeigt auf, dass durch Arbeitsteilung und Organisation die heutige Weltbevölkerung angemessen ernährt werden kann, auch wenn derzeit immer noch ein hoher Prozentsatz der Weltbevölkerung unter Hunger leidet und unterhalb einer erträglichen Armutsgrenze dahinvegetiert. Mit einer Umverteilungsarithmetik ist es hier sicherlich nicht getan. Nur Entwicklungshilfe zum Strukturwandel und zur Eigeninitiative kann hier zu einem langfristigen Wandel führen.

Wir werden allerdings nicht erwarten dürfen, dass überall auf der Welt in analoger Weise die industrielle Entwicklung, aber auch die landwirtschaftliche Bodennutzung, in gleicher Weise vorankommen werden, um ähnliche soziale und wirtschaftliche Strukturen zu schaffen. Dies wäre wohl auch kaum wünschenswert. Zu unterschiedlich ist der kulturelle Hintergrund, zu unterschiedlich sind aber auch die Talente, die sich unter Anpassung an die verschiedenen geographischen Bedingungen entwickelt haben, und zu sehr leidet schon heute unser Globus unter der industriellen Belastung. Die deutlich verminderten jahreszeitlichen Schwankungen in Afrika etwa im Vergleich zu Europa und Asien haben dort weniger langfristige Vorplanungen zum Lebensunterhalt erfordert, als dies in den beiden anderen Kontinenten der Fall war. Dies könnte einer der Gründe dafür sein, warum vor allem die Technologieentwicklung ihre Wurzeln in Europa und Asien hat. Vermutlich wäre es daher töricht, weltweit die gleichen Strukturen aufzubauen. Es sollte vielmehr von Bedeutung sein, die jeweiligen regionalen Talente weiter zu entwickeln und sie zur Förderung von Wohlstand und Sozialstruktur zu nutzen. Dies kann auf kulturell-künstlerischem Gebiet ebenso geschehen wie auf der Basis vorgegebener Landschaftsstrukturen, die sich als Reservate den Touristen erschließen oder spezifische landwirtschaftliche Produkte ermöglichen. Eine gewisse *„Kompartimentalisierung"*, eine Aufgabenteilung auf globalem Niveau, sollte unsere Zukunft günstig beeinflussen können.

Natürlich sind dies alles keine Patentrezepte oder grundsätzlich neue Überlegungen. Sie bedürfen aber national und international eines gesellschaftlichen Konsenses, wenn wir die dominierende Rolle des Menschen in der belebten Welt und im Verlauf seiner künftigen Evolution längerfristig erhalten wollen.

Wenn man dem Leben überhaupt eine deterministische Komponente unterstellen will, so könnte sie wohl nur lauten: *Die Bestimmung des Lebens ist das Leben für die Zukunft!* Diesen Leitsatz scheint uns und allen anderen Lebewesen der Ablauf der Evolution vorzuschreiben. Auch wenn wir es wollten, könnten wir uns zwar individuell, nicht aber in unserer Gesamtheit ihm entziehen. Wir werden dies klarer erkennen, je mehr wir uns selber kennen, und wie könnten wir uns, unsere biologisch beeinflussten Entwicklungen und Prägungen, besser kennenlernen als über das Verständnis des Aufbaus, der Entwicklung und der Funktionen unseres Erbgutes?

Ersetzen wir – wo immer möglich – den Glauben durch Wissen, die geistige Statik durch die Dynamik, die uns die Evolution vorgibt. Natürlich wissen wir nicht, ob uns eine solche Rationalität die Zukunft sichert, aber haben wir Alternativen?

Literatur

Behe, M.J. Darwin's Black Box, The Free Press, New York, 1996.

Bodnar, A.G., Ouellette, M., Frolkis, M., Holt, S.E., Chiu, C.P., Morin, G.B., Harley, C.B., Shay, J.W., Lichtsteiner, S., and Wright, W.E. *Extension of life-span by introduction of telomerase into normal human cells.* Science 1998; 279: 349-352.

Bueler, H., Fischer, M., Lang, Y., Bluethmann, H., Lipp, H.P., DeArmond, S.J., Prusiner, S.B., Aguet, M., and Weissmann, C. *Normal development and behaviour of mice lacking the neuronal cell-surface PrP protein.* Nature 1992; 356: 577-582.

Bueler, H., Aguzzi, A., Sailer, A., Greiner, R.A., Autenried, P., Aguet, M., and Weissmann, C. *Mice devoid of PrP are resistant to scrapie.* Cell 1993; 73: 1339-1347.

Cadbury, D. *The Dinosaur Hunters.* Fourth Estate Limited, London W2 4BU, England, 2000.

Chargaff, E. *Chemical specificity of nucleic acids and mechanism of their enzymatic degradation.* Experientia 1950; 6: 201-209.

Darwin, C. The *Origin of Species.* Down, Beckenham and Kent, First Edition Nov. 24, 1859. Reprinted by The Modern Library, New York, N.Y.

Darwin C. *The Descent of Man and Selection in Relation to Sex.* Down, Beckenham and Kent, First Edition in 1871. Reprinted by The Modern Library, New York, N.Y.

Dulbecco, R. *A turning point in cancer research: sequencing the human genome.* Science 1986; 231: 1055-1056.

First, N. L. and Prather, R. S. *Genome potential in mammals.* Differentiation 1991; 48, 1-8.

Gurdon, J.B. and Uehlinger, V. *„Fertile" intestine nuclei.* Nature 1966; 210: 1240-1241.

Hoppe, P.C. and Illmensee, K. *Full-term development after transplantation of parthenogenetic embryonic nuclei into fertilized mouse eggs.* Proc. Natl. Acad. Sci. USA 1982; 79: 1912-1916.

Hösle, V. *Die Philosophie und die Wissenschaften.* Verlag C.H. Beck, München 1999.

Hruban, R.H., van der Riet, P., Erozan, Y.S., and Sidransky, D. *Brief report: molecular biology and the early detection of carcinoma of the bladder – the case of Hubert H. Humphrey.* New Engl. J. Med. 1994; 330: 1276-1278).

Humpherys, D., Eggan, K., Akutsu, H., Hochedlinger, K., Rideout, W.M. 3rd, Biniszkiewicz, D., Yanagimachi, R. and Jaenisch, R. *Epigenetic instability in ES cells and cloned mice.* Science 2001; 293: 95-97.

Jo, M., Kim, T.H., Seol, D.W., Esplen, J.E., Dorko, K., Billiar, T.R., and Strom, S.C. *Apoptosis induced in normal human hepatocytes by tumor necrosis factor-related apoptosis-inducing ligand.* Nat. Med. 2000; 6: 564-567.

Kamb, A., Gruis, N.A., Weaver-Feldhaus, J., Liu, Q., Harshman, K., Tavtigian, S.V., Stockert, E., Day, R.S. 3rd, Johnson, B.E., and Skolnick, M.H. *A cell cycle regulator potentially involved in the genesis of many tumor types.* Science 1994; 264: 436-440.

Ke, Y., Su, B., Song, X., Lu, D., Chen, L., Li., H., Qi, C., Marzuki, S., Deka, R., Underhill, P., Xiao, C, Shriver, M., Lell, J., Wallace, D., Wells, R.C., Seielstad, M., Oefner, P., Zhu, D., Jin, J., Huang, W., Chakraborty, R., Chen, Z., and Jin, L. *African origin of modern humans in East Asia: a tale of 12.000 Y chromosomes.* Science 2001; 292: 1151-1153.

Krings, M., Stone, A., Schmitz, R.W., Krainitzki, H., Stoneking, M., and Paäbo, S. *Neandertal DNA sequences and the origin of modern humans.* Cell 1997; 90 : 19-30.

Lane, D.P., and Crawford, L.V. *T antigen is bound to a host protein in SV40-trans-formed cells.* Nature 1979; 278: 261-263.

Lavi, S. *Carcinogen-mediated amplification of viral DNA sequences in SV 40-trans-formed Chinese hamster embryo cells.* Proc. Natl. Acad. Sci. USA. 1981; 76, 6144-6148.

Linzer, D.I. and Levine, A.J. *Characterization of a 54K dalton cellular SV40 tumor antigen binding protein present in SV40-transformed cells and in uninfected embryonal carcinoma cells.* Cell 1979; 17: 43-52.

Migliaccio, E., Giorgio, M., Mele, S., Pelicci, G., Reboldi, P., Pandolfi, P.P., Lanfran-cone, L., and Pelicci, P.G. *The p66shc adaptor protein controls oxidative stress response and life span in mammals.* Nature 1999; 402: 309-313.

Milton, R. *Shattering the myths of Darwinism.* Parkstreet Press, Rochester, Ver-mont, 1997.

Mitteilungen des Statistischen Bundesamtes über Schwangerschaftsabbrüche in Deutschland Nr.129/01 vom 5. April 2001.

Mittelstraß, J. Der arme Wille: Zur Leidensgeschichte des Willens in der Philoso-phie. In: Jenseits des Rubikon: Der Wille in den Humanwissenschaften. Heckhausen et al. (Hrsg.), Springer-Verlag, Berlin Heidelberg, 1987; pp.33-48.

Mittelstraß, J. (Hrgb.) *Enzyklopädie Philosophie und Wissenschaftstheorie*, Metz-ler-Verlag, Stuttgart, Bd. III, 1995; p.238f.

Mittelstraß, J. *The impact of the new biology on ethics.* European Review, 7: 277-283, 1999.

Mittelstraß, J. *Zwischen Naturwissenschaft und Philosophie.* Konstanzer Univer-sitätsreden, Universitätsverlag Konstanz, Konstanz, 2000.

Ovchinnikov, I.V., Gotherstrom, A., Ramanova, G.P., Kharitonov, V.M., Liden, K., and Goodwin, W. *Molecular analysis of Neanderthal DNA from the northern Caucasus.* Nature 2000; 404 : 490-493.

Roberts, L. *Controversial from the start.* Science 2001; 291: 1182-1188.

Rogina, B., Reenan, R.A., Nilsen, S.P., and Helfand, S.L. *Extended life-span conferred by cotransporter gene mutations in Drosophila.* Science 2000; 290: 2137-2140.

Sanger, F. and Coulson, A.R. *A rapid method of determining sequences in DNA by primed synthesis with DNA polymerase.* J. Mol. Biol. 1975; 94: 441-448.

Schimke, R.T. *Gene amplification in cultured mammalian cells.* Cell 1984; 37: 705-713.

Seife, C. *Echoes of the big bang put theories in tune.* Science 2001; 292: 823.

Soto, U., Das, B.C., Lengert, M., Finzer, F., zur Hausen, H., and Rösl, F. *Conversion of HPV 18 positive non-tumorigenic HeLa-fibroblast hybrids to invasive growth involves loss of TNF-a mediated repression of viral transcription and modification of the AP-1 transcription complex.* Oncogene 1999; 18: 3187-3198.

Stehelin, D., Varmus, H.E., Bishop, J.M., and Vogt, P.K. *DNA related to the transforming gene(s) of avian sarcoma viruses is present in normal avian DNA.* Nature 1976; 260: 170-173.

Tang, Y.P., Shimizu, E., Dube, G.R., Rampon, C., Kerchner, G.A., Zhuo, M., Liu, G., Tsien, J.Z. *Genetic enhancement of learning and memory in mice.* Nature 1999; 401: 63-69.

Underhill, P.A., Shen, P., Lin, A.A., Passarino, G., Yang, W.H., Kauffman, E., Bonne-Tamir, B., Bertranpetit, J., Francalacci, P., Ibrahim, M., Jenkins, T., Kidd, J.R., Mehdi, S.Q., Seielstad, M.T., Wells, R.S., Piazza, A., Davis, R.W., Feldman, M.W., Cavalli-Sforza, L.L., and Oefner, P.J. *Y chromsome sequence variation and the history of human populations.* Nature Genet. 2000; 26: 358-361.

Watson, J.D. and Crick, F. *Molecular structure of nucleic acids. A structure for deoxyribose nucleic acid.* Nature 1953; 171: 737-738.

Wesson, R. *Beyond Natural Selection*, 1991 Massachusetts Institute of Technology, The MIT Press, Cambridge, Mass.

Wilmut, I., Schnieke, A.E., McWhir, J., Kind, A.J., and Campbell, K.H. *Viable off-spring derived from fetal and adult mammalian cells.* Nature 1997; 385: 810-813.

Winter, H., Langbein, L., Krawczak, M., Cooper, D.N., Jave-Suarez, L.F., Rogers, M.A., Praetzel, S., Heidt, P.J., and Schweizer, J. *Human type I hair keratin pseudogene jhHaA has functional orthologs in the chimpanzee and gorilla: evidence for recent inactivation of the human gene after Pan-Homo divergence.* Hum. Genet, 2001; 108: 37-42.

zur Hausen, H. and Schulte-Holthausen, H. *Presence of EB virus nucleic acid homology in a „virus-free" line of Burkitt tumor cells.* Nature (London) 227, 245-248, 1970

zur Hausen, H., Schulte-Holthausen, H., Klein, G., Henle, W., Henle, G., Clifford, P., and Santesson, L. *EBV DNA in biopsies of Burkitt tumours and anaplastic carcinoma of the nasopharynx.* Nature (London) 228, 1056-1058, 1970

zur Hausen, H. and Schlehofer, J.R. T*he role of DNA amplification in carcinogenesis.* Accomplishments in Oncology, Vol. 2, Nr.1, J.B. Lippincott Company, 1987.